atlas básico
de astronomía
básico

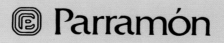

Proyecto y realización
Parramón Ediciones, S.A.

Dirección Editorial
Lluís Borràs

Ayudante de edición
Cristina Vilella

Textos
José Tola

Diseño gráfico y maquetación
Estudi Toni Inglés

Ilustraciones
Archivo Parramón, Boreal, Jaume Farrés, Kobal, Josep Torres

Dirección de Producción
Rafael Marfil

Producción
Manel Sánchez

Segunda edición: marzo 2003

Atlas de Astronomía
ISBN: 84-342-2347-3

Depósito Legal: B-8.083-2003

Impreso en España
© Parramón Ediciones, S.A. – 2001
 Ronda Sant Pere, 5, 4ª planta - 08010 Barcelona
 Empresa del Grupo Editorial Norma, S.A.

PRESENTACIÓN

Este Atlas de astronomía brinda a los lectores una magnífica oportunidad para conocer el universo, su origen, su evolución y las características de los distintos astros. Constituye, pues, un instrumento de la máxima utilidad para acceder a la maravilla que representa el firmamento, con sus incógnitas, sus leyes aparentemente inmutables y las continuas sorpresas que depara.

Los diferentes apartados de esta obra conforman un completo compendio de astronomía. Constan de múltiples láminas y numerosas figuras, esquemáticas aunque rigurosas, que muestran las principales características de los cuerpos celestes, la historia de su estudio, los instrumentos utilizados para su observación y la fascinante aventura de su exploración y conquista. Tales ilustraciones, que constituyen el núcleo central de este volumen, están complementadas con breves explicaciones y apuntes que facilitan la comprensión de los principales conceptos, así como con un índice alfabético que permite localizar con facilidad toda cuestión de interés.

Al emprender la edición de este Atlas de astronomía nos marcamos como objetivos realizar una obra práctica y didáctica, útil y accesible, de rigurosa seriedad científica y, a la par, amena y clara. Esperamos que los lectores consideren cumplidos nuestros propósitos.

SUMARIO

INTRODUCCIÓN

LA ASTRONOMÍA

Denominamos así a la ciencia que se dedica al **estudio de los astros** y, en general, de todos los fenómenos que tienen lugar por fuera de nuestro planeta. Hoy es una ciencia que utiliza una complicada tecnología, que requiere de difíciles cálculos matemáticos y que participa en los viajes espaciales, pero sus orígenes fueron muy distintos.

Hace unos 5.000 años, en Mesopotamia, existieron los primeros astrónomos. Eran los **sacerdotes** que contemplaban el cielo y que consiguieron predecir los eclipses. Además, al determinar la duración de las fases de la Luna y de las estaciones, algo que hasta entonces no se había medido aunque fuera un hecho permanente en la vida de todos, contribuyeron a mejorar las **técnicas agrícolas** empleadas en la época. Ese aparentemente pequeño avance supuso poder acoplar las labores del campo a las características de las estaciones que se sucedían y predecir los cambios.

Estos astrónomos-sacerdotes, sin embargo, desconocían por completo los mecanismos que regían esos fenómenos celestes y los interpretaban como **intervenciones de los dioses**. De este modo, la astronomía nació íntimamente ligada a la religión y la mitología.

Los antiguos **griegos**, los creadores de la ciencia tal como la denominamos en nuestros días, estudiaron también el cielo y dieron una explicación al fenómeno misterioso de los eclipses. Además, con ayuda de sus cálculos sobre los cuerpos celestes lograron por primera vez determinar con gran exactitud el radio de la Tierra.

Se calcula en 15.000 millones de años el tiempo transcurrido desde el inicio de la formación del universo, a partir de una gran explosión denominada Big Bang.

También otros pueblos de la antigüedad se dedicaron con idénticos fines a esta rama del saber, destacando los indios y los egipcios. **Ptolomeo**, gracias a sus observaciones y mediciones, estableció un sistema global del mundo donde la Tierra era el centro absoluto y todos los planetas y otros astros giraban a su alrededor. Esta idea se mantuvo vigente como un dogma a lo largo de casi 1.500 años.

Mientras que en la Europa medieval la astronomía quedaba relegada al estancamiento sin nuevos avances, en América los astrónomos **aztecas** realizaron minuciosas observaciones del firmamento, que les permitieron establecer **calendarios** de gran precisión y hacer cálculos matemáticos sobre los astros. Pero hacia el siglo XVI la situación comenzó a cambiar. **Copérnico** fue el primero que recogió las nuevas ideas del pensamiento científico que se estaban gestando, y después de 25 años de observaciones llegó a la conclusión de que la Tierra no era el centro del universo, sino el Sol. Fue toda una revolución para la época y también el nacimiento de la astronomía moderna.

LA ASTRONOMÍA MODERNA

A partir de Copérnico comenzó a estudiarse de nuevo el firmamento con **criterios científicos** y esta vez con la ayuda de los nuevos instrumentos que se estaban inventando. Los **telescopios** permitieron por fin hacer observaciones científicas. Grandes nombres de estos tiempos de la astronomía son Tycho Brahe, Kepler, Galileo y Newton, que contribuyeron decisivamente a abandonar la idea de que la Tierra fuera el centro del universo, confirmando las ideas de Copérnico.

A medida que se mejoraron los instrumentos de observación se descubrieron nuevos cuerpos celestes, como los satélites de varios planetas, y se pudo calcular la órbita de los cometas. Finalmente se logró averiguar con exactitud la órbita de los planetas que forman el **sistema solar** y comenzó también el estudio de otros sistemas. De este modo, la astronomía fue situando nuestro planeta en el universo, cada vez más grande a medida que se exploraban mundos más lejanos.

Así, vamos a ver cómo es el sistema solar en su conjunto y también iremos visitando cada uno de los **nueve planetas** conocidos hasta la fecha que lo for-

Un cometa es un cuerpo celeste, de aspecto y comportamiento muy particulares, que recorre el sistema solar.

man, incluido el nuestro, así como la Luna y el cinturón de asteroides. Hasta algunos de ellos han llegado ya naves espaciales y han tomado muestras de su suelo, por lo que conocemos desde mediados del siglo xx datos que hace un siglo parecía por completo imposible averiguar.

Pero nuestro sistema solar no es el único y nuestra estrella, el Sol, es sólo una de medianas dimensiones situada en uno de los bordes de nuestra galaxia, una de las muchas que forman el universo. La astronomía estudia todos estos cuerpos celestes y fenómenos que tienen lugar por fuera de nuestro pequeño planeta, como son los cometas, las galaxias y las nebulosas, las estrellas enanas, las supernovas o los misteriosos agujeros negros.

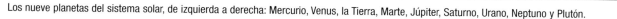

Los nueve planetas del sistema solar, de izquierda a derecha: Mercurio, Venus, la Tierra, Marte, Júpiter, Saturno, Urano, Neptuno y Plutón.

LOS INSTRUMENTOS DE LA ASTRONOMÍA

Los astrónomos profesionales recurren a potentes **ordenadores** para realizar sus cálculos y emplean complicadas fórmulas matemáticas para establecer sus teorías, pero también se dedican a observar el espacio exterior con ayuda de enormes **telescopios**. Sin embargo, también el astrónomo aficionado puede dedicarse a contemplar el firmamento sin necesidad de medios tan avanzados y desde unos prismáticos potentes, que permiten ver con más detalle la superficie de la Luna, hasta un telescopio pequeño con el que se pueden contemplar algunas galaxias lejanas, son suficientes para disfrutar de esta afición.

Además de los telescopios que observan la luz emitida por los astros y las estrellas, es decir, los instrumentos ópticos, el descubrimiento de las radiaciones de radio y de otro tipo abrió nuevos campos a la astronomía. Así, muchos de los actuales telescopios utilizados en los observatorios recurren a las radiaciones que se emiten desde los lugares más alejados del universo, que tardan en llegar millones de años hasta nosotros. Esta rama de la astronomía recibe el nombre de **radioastronomía** y permite llegar a los astrónomos y a los científicos hasta lugares más alejados que aquellos hasta los que alcanzan los telescopios ópticos tradicionales.

En la sección destinada a los instrumentos de observación vamos a dedicar también espacio a los grandes **astrónomos** que a lo largo de los siglos han ido haciendo observaciones y estableciendo teorías que han permitido que hoy tengamos una idea más completa de lo que es el universo.

Los satélites artificiales permiten estudiar mejor el espacio exterior y, también, ampliar la capacidad de las comunicaciones terrestres.

ASTRONÁUTICA

La astronáutica es un conjunto de disciplinas muy diversas que se refieren a todo lo que se relaciona con el **viaje por el espacio** fuera de nuestro planeta. Es una actividad que aunque tuvo antecedentes, cuenta con apenas medio siglo de existencia, pero que ha proporcionado grandes conocimientos a la astronomía y también ha supuesto un gran avance en muchas de las actividades cotidianas.

Así, hay aspectos tan espectaculares como la llegada del hombre a la Luna o las imágenes de la superficie del planeta Marte, pero otros que no nos damos cuenta y que facilitan nuestra vida. Éstos se refieren principalmente a las **comunicaciones**. La televisión llega hoy a todos los puntos del planeta gracias a los satélites artificiales que giran alrededor de la Tierra. Las **previsiones meteorológicas** son más precisas y nos muestran mapas reales con la disposición de los frentes nubosos y su avance, gracias a las fotos que envían los satélites meteorológicos. El teléfono móvil, tan difundido en nuestros días, nos permite hablar con cualquier punto del planeta gracias también a esos satélites de comunicaciones. Vamos a ver cómo se hicieron los primeros intentos para lanzar objetos al espacio, con los éxitos y los fracasos. Pero de todos esos intentos se sacaron consecuencias que permitieron un nuevo paso hacia delante. Desde el primer **satélite artificial** hasta que el primer hombre pisó la superficie de la Luna pasaron poco más de veinte años, un período de tiempo muy corto si lo comparamos con los siglos que han tenido que transcurrir para ir consiguiendo reunir los conocimientos que hicieron posible ese viaje.

La astronáutica nos presenta un mundo fascinante de naves espaciales, cada vez más amplias y potentes, las lanzaderas que trasladan astronautas desde la base terrestre hasta las **estaciones espaciales** en órbita alrededor del planeta, y éstas, donde los astronautas permanecen durante meses realizando observaciones y trabajos para permitir viajes a lugares cada vez más lejanos.

El astronauta ruso Valeri V. Poliakov, quien entre 1994 y 1995 batió el récord de permanencia en el espacio: 437 días.

EL FUTURO DE LA ASTRONOMÍA Y DE LA ASTRONÁUTICA

La velocidad con la que se van sucediendo los avances en astronomía y en astronáutica hacen difícil predecir el futuro, pero veremos algunos esbozos de los proyectos que se están realizando para los próximos años. Las bases lunares son ya una posibilidad y las **estaciones permanentes** en el espacio una realidad que día a día podemos leer en los periódicos.

Los **viajes** a los planetas cercanos al nuestro están entre los proyectos en marcha, aunque todavía la exploración de los más alejados y los de fuera de nuestro sistema solar se dejarán a naves no tripuladas.

Pero los avances científicos arrastran también aplicaciones de los más diversos tipos, por lo que ya hay agencias de viajes que comienzan a organizar excursiones a la Luna y estancias en el satélite, donde se proyectan hoteles y pequeñas ciudades. Aunque hasta hace pocos años la mayor parte de estos proyectos no dejaban de ser historias de **ciencia ficción**, hoy comienzan a transformarse en **realidad** (¡en 2001 ya viajó el primer turista espacial!) y tendrán repercusiones en la vida cotidiana de todos nosotros por los nuevos usos que se harán de los artificios técnicos necesarios para llevarlos a cabo.

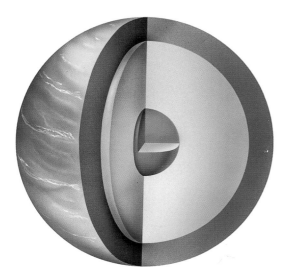

Los planetas se diferencian de las estrellas en que no tienen luz propia. En el dibujo, estructura de Neptuno, con un núcleo rocoso, un manto intermedio de hielo y una capa externa de hidrógeno y helio.

EL ORIGEN DEL MUNDO

Una de las preguntas que se ha hecho el ser humano desde que comenzó su evolución ha sido la referente al mundo que le rodea. A medida que aumentaron sus conocimientos, ese mundo fue ampliándose e incluyó el **firmamento**. Para intentar descifrarlo surgieron **teorías** religiosas y científicas. Cada nueva explicación planteaba nuevos problemas. Hoy comenzamos a tener una idea más exacta de cómo se originó el **universo**.

La teoría de la gran explosión inicial que formó el universo se conoce con el nombre de **"Big Bang"**.

LA GRAN EXPLOSIÓN

El universo era una masa (1) de materia enormemente pesada y densa, miles de veces más que cualquiera de las rocas que forman nuestro planeta. Un día, hace unos 15.000 millones de años, esa masa de materia explotó (2) y comenzó a lanzar fragmentos a su alrededor en todas direcciones. De esos fragmentos nacieron las **galaxias** (3), las **estrellas** y los restantes astros, que siguen alejándose unos de otros. Sólo permanecen unidas las unidades que forman un sistema, como una galaxia, que contiene miles de estrellas. Todos ellos viajan juntos por el espacio separándose de otras galaxias (4).

Desde el momento de la **explosión inicial**, la temperatura del universo ha ido disminuyendo y también la velocidad con la que se expande.

UN PROBLEMA TAN ANTIGUO COMO LA CIVILIZACIÓN

Al contemplar por la noche el cielo estrellado y observar su lento movimiento, los antiguos se preguntaban dónde estaban esos puntos luminosos y por qué se movían. Consideraban que nuestro planeta era una especie de disco rodeado de esferas. En cada una de estas esferas se colocaban los distintos astros. En una las estrellas, en otra los planetas, otra era para el Sol y otra para la Luna. Con los medios disponibles hace 5.000 años, esta interpretación era correcta y aunque hoy nos parezca absurda gracias a ellos hemos podido llegar a los conocimientos actuales.

Para encontrar una respuesta al misterio de cómo nació el universo, los antiguos recurrieron a los "creadores", que eran dioses sobrenaturales en unas religiones, como la de los griegos o los sumerios, o un único dios en otras, como el judaísmo y más tarde el cristianismo y el islamismo. En honor de estos dioses erigieron pirámides, altares o monumentos, desde los cuales los sacerdotes se ponían en contacto con ellos.

LA INVESTIGACIÓN ESPACIAL Y EL UNIVERSO

Al cabo de 300.000 años de producirse el Big Bang, el universo se enfrió lo suficiente para que se formaran los primeros átomos.

Se calcula que desde el momento del **Big Bang** hasta que el universo comience de nuevo a contraerse deberán transcurrir unos 80.000 millones de años.

Gracias a los **satélites artificiales** y a las nuevas **estaciones espaciales**, es posible observar el universo sin la barrera perturbadora de la atmósfera. Los **telescopios espaciales** utilizados están proporcionando una información muy valiosa que ha permitido confirmar las teorías más recientes. Así, después de esa gran explosión inicial toda la materia original se ha ido alejando y expandiendo, pero habrá un momento en que la tendencia se invertirá y el universo volverá a concentrarse poco a poco hasta formar de nuevo una masa infinitamente densa. Entonces volverá a explotar y a formarse nuevas galaxias y estrellas. A este modelo se le llama **"Universo pulsante"**.

TEMPERATURA

La **temperatura** en los distintos puntos del universo se calcula midiendo la radiación que llega desde allí. Es máxima dentro de muchas estrellas y mínima en el espacio entre ellas.

LAS LEYES DEL UNIVERSO

La **Luna** gira alrededor de la **Tierra** y ésta lo hace alrededor del Sol. La **ley de la gravitación** es la responsable de este fenómeno y también de que las estrellas de las **galaxias** se mantengan unidas o que los cometas recorran todo el universo siguiendo una trayectoria que podemos calcular. Todos los astros se mueven en el espacio siguiendo las leyes de la **mecánica celeste**.

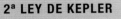

En el sistema solar, los planetas trazan una elipse alrededor del Sol.

LAS LEYES DE KEPLER

Los antiguos consideraban que la Tierra era el centro del universo y que a su alrededor giraban todos los astros. **Copérnico**, en el siglo XVI, revolucionó la astronomía cuando dijo que el Sol era el centro y que los restantes planetas, incluida la Tierra, giraban a su alrededor, aunque no pudo explicar cómo lo hacían. Pero fue **Kepler**, en el siglo XVII, quien averiguó la forma en que ese movimiento se producía. Después de muchas observaciones y cálculos, dijo que los planetas giran alrededor del Sol siguiendo **órbitas elípticas** y el modo de hacerlo lo explicó en las tres leyes que llevan su nombre.

1ª LEY DE KEPLER

Cada planeta se mueve en una órbita elíptica y el Sol está en uno de los focos de la elipse.

2ª LEY DE KEPLER

Los planetas se mueven tanto más rápidamente cuanto más cerca están del Sol en su trayectoria.

3ª LEY DE KEPLER

La velocidad de revolución de cada planeta es tanto mayor cuanto menor sea su distancia al Sol.

LA LEY DE LA GRAVITACIÓN

En el siglo XVII, Newton explicó por qué los planetas giraban alrededor del Sol siguiendo una órbita elíptica. Fue **Newton** también quien dijo que cuando una manzana cae hacia el suelo lo hace porque en el interior de la Tierra hay una fuerza (la **gravedad**) que atrae hacia allí a todos los cuerpos. Además, afirmó que este fenómeno no sólo afecta a nuestro planeta, sino también a todos los restantes astros. Por eso, el Sol atrae a la Tierra, pero también la Tierra al Sol (aunque con mucha menor fuerza). Si nuestro planeta no cae hacia el Sol es porque existe otra **fuerza** (debida a su movimiento) que actúa en sentido contrario. La serie de puntos en que ambas fuerzas se equilibran constituye la **trayectoria** (la **órbita terrestre**) que recorre la Tierra alrededor del Sol. Lo mismo sucede con los restantes planetas.

La fórmula de la **ley de la gravitación universal** es:

$$F = G \ \frac{m \, m'}{r^2}$$

donde F es la fuerza entre dos cuerpos, m y m' son las masas de esos dos cuerpos, r es la distancia que los separa y G es un valor constante (la constante de gravitación).

Las **galaxias**, las **nebulosas** o los **sistemas planetarios** se mantienen estables gracias a la **fuerza gravitatoria**.

Según la **ley de la gravitación universal**, dos cuerpos se atraen de manera directamente proporcional a su masa e inversamente al cuadrado de sus distancias.

LOS COMETAS

Uno de los fenómenos más llamativos que nos ofrece el espacio son los **cometas**. Algunos aparecen con regularidad cada cierto tiempo, pero otros lo hacen sólo al cabo de muchos siglos o una única vez en su vida. Se trata de cuerpos errantes que viajan por el espacio y que cuando se acercan al **Sol** suelen dejar tras de sí un largo rastro luminoso que llamamos cola.

ROCAS DE HIELO ERRANTES

Un **cometa**, tal como lo podemos ver a simple vista desde la Tierra, consta de un núcleo rodeado de una zona brillante, llamada cabellera, y a menudo una larga cola. El **núcleo** es una masa de fragmentos rocosos unidos por hielo, que por término medio mide unos 10 kilómetros de diámetro, aunque los hay mucho mayores. La **cabellera** está formada por gas y polvo y ocupa una extensión muy superior al núcleo. Por último, la **cola** es el gas y el polvo de la cabellera que se extienden detrás de ésta cuando el **viento solar** los empuja al acercarse el cometa al Sol. No todos los cometas tienen cola, pues si son muy pequeños la cantidad de polvo y gas disponible no llega a formarla.

La **cola** del cometa se dirige siempre en sentido contrario al **Sol** y aunque alcanza su mayor extensión al pasar cerca del astro, es cuando peor se ve desde la Tierra.

UNA LARGA CABELLERA

La **cola** de los cometas puede extenderse a lo largo de cientos de millones de kilómetros por detrás de la **cabellera**. La más larga de las conocidas fue observada en 1843 y ocupaba la mitad de la bóveda celeste.

El hielo de los cometas está formado principalmente por metano, amoníaco, anhídrido carbónico y agua.

Cuando un cometa (1) se acerca al Sol, aunque se desplace alrededor de él (3), su cola (4) queda siempre opuesta al lugar donde se halla el Sol (2).

LLUVIAS DE ESTRELLAS

Cuando la **cola** de un **cometa** se cruza con la **Tierra** suele producirse un fenómeno muy llamativo, llamado **lluvia de estrellas**. Durante la noche cae una gran cantidad de estrellas **fugaces**, muy superior a lo normal. Las partículas de roca y hielo de la cola se evaporan al entrar en contacto con la **atmósfera** y antes de desaparecer dejan un rastro luminoso, que es lo que conocemos como estrella fugaz. Cualquier **meteorito** que cruce la atmósfera, al desintegrarse, forma una estrella fugaz. Algunas lluvias de estrellas se producen en fechas fijas debido a que la Tierra cruza la órbita de un antiguo cometa.

En 1993, el cometa **Shoemaker-Levy 9** pasó cerca de Júpiter y la gravedad del planeta le dio un empujón que lo rompió en 20 trozos.

El cometa **Halley,** que pasó cerca de la Tierra en 1986, sufrió en 1993 un choque con algún cuerpo celeste que le hizo aumentar de tamaño. Cuando se acerque de nuevo a la Tierra, en 2062, veremos los efectos del choque.

El 27 de noviembre de 1872 se produjo la mayor lluvia de estrellas conocida, cuando la Tierra cruzó por la cola del cometa **Biela**, que se había desintegrado unos años antes.

LAS PRINCIPALES ESTRELLAS FUGACES

Nombre	Frecuencia	Fecha*
Cuadrántidas	40 por hora	3 de enero
Acuáridas	20 por hora	4 de mayo
Perseidas	30 por hora	12 de agosto
Gemínidas	50 por hora	13 de diciembre

* Día en que son visibles.

LAS ESTRELLAS: cómo son y cómo evolucionan

Las estrellas son masas de **gas incandescente** que se encuentran más o menos dispersas por el espacio, aunque formen grupos, y que podemos ver en el cielo nocturno en forma de pequeños puntos. Las hay unas más brillantes que otras, pero ese aspecto es sólo aparente, pues depende de la distancia a la que se encuentren. Las estrellas no permanecen siempre iguales sino que nacen, crecen y acaban muriendo. Algunas, como el Sol, tienen **planetas** que gravitan a su alrededor.

EL BRILLO Y LA MAGNITUD

Cuando observamos las estrellas durante la noche, unas aparecen más brillantes que otras, pero es sólo un aspecto aparente. El **brillo** con el que podemos observarlas depende de su **tamaño**, de su propio brillo y de la **distancia** a la que se encuentran de nosotros. Así, una estrella muy grande y brillante pero alejada se nos presenta mucho más débil que otra pequeña y poco brillante pero que está cerca de nosotros. Por eso, cada estrella presenta una **magnitud aparente** (el brillo con el que la observamos) y una **magnitud absoluta** (el tamaño que tiene en la realidad).

A simple vista pueden verse cerca de 3.000 estrellas en una noche sin luna y en un lugar alejado de ciudades u otras poblaciones. Con un pequeño **telescopio** pueden llegar a verse hasta 300.000.

EL COLOR DE LAS ESTRELLAS

Si nos fijamos bien, veremos que no todas las estrellas son del mismo color. Antiguamente se clasificaban en cuatro colores: rojo, anaranjado, amarillo y blanco. Cada uno de esos colores corresponde a la **temperatura** que tiene la estrella. Las más calientes son las blancas y las menos las rojas. Es parecido a lo que sucede en un hierro puesto al fuego, primero se vuelve rojo y a medida que aumenta la temperatura va cambiando de color hasta volverse blanco azulado. Los **astrónomos** modernos distinguen 7 tipos principales de estrellas por su temperatura.

CLASES DE ESTRELLAS POR SU COLOR

Tipo	Color	Temperatura (ºC)
O	azul-violeta	28.000-50.000
B	azul-blanco	10.000-28.000
A	blanco	7.500-10.000
F	blanco-amarillo	6.000-7.500
G	amarillo	5.000-6.000
K	anaranjado	3.500-5.000
M	rojo	2.500-3.500

Un **telescopio profesional** que detecte estrellas de magnitud 22 puede registrar hasta 3.000 millones de estrellas.

EL NACIMIENTO DE UNA ESTRELLA

El espacio está lleno de pequeñas partículas de **materia** y **átomos** dispersos. A esto se le llama **polvo interespacial**. En algunos lugares sólo hay tres o cuatro átomos por metro cúbico, pero en otros la cantidad de materia existente es suficiente para que poco a poco vaya condensándose alrededor de un punto. De este modo, agregándose polvo interespacial es como nacen las estrellas. Cuando la masa alcanza un determinado valor, la estrella comienza a calentarse y en su interior se alcanza una temperatura de varios millones de grados. En ese momento comienza a emitir luz y es cuando decimos que ha nacido la estrella.

CONTRACCIONES

Durante su fase juvenil, las estrellas sufren contracciones irregulares, emitiendo una gran cantidad de partículas, de manera parecida a como sucede con el **viento solar**.

Si una estrella joven mantiene sus contracciones irregulares mucho tiempo, acaba por consumir todo su combustible y se apaga al cabo de unos pocos millones de años.

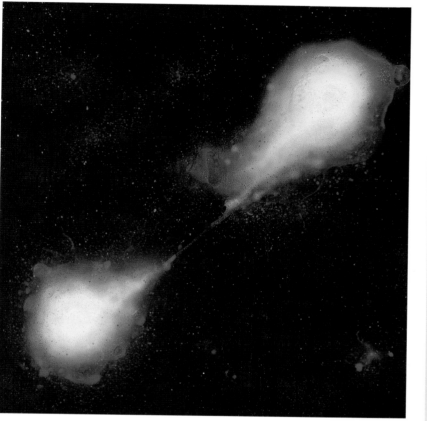

CRECIMIENTO Y MUERTE

El núcleo de la estrella está formado principalmente por hidrógeno, que es el combustible que la mantiene en actividad. Cuando se ha quemado todo el **hidrógeno**, comienza la degeneración de la estrella. Empieza contrayéndose sobre sí misma y se rompen los enlaces entre los átomos, quedando toda la estrella formando una especie de "sopa de electrones" en la que se encuentran los núcleos de los átomos. En ese momento la estrella emite una gran cantidad de luz, pero comienza a enfriarse. En esta fase utiliza helio (mucho más escaso) como combustible. La última etapa es también "explosiva", con nueva emisión de luz antes de desintegrarse y quedar en forma de una nube de materia interestelar, como si fuera el humo de una explosión.

Las estrellas pequeñas están a menor temperatura que las grandes, por lo que se "queman" más lentamente y viven más tiempo.

LAS ESTRELLAS: de fábricas de elementos a agujeros negros

En el interior de las estrellas tiene lugar una serie de fenómenos de gran importancia para todo el universo. Se trata de la fabricación de los **elementos químicos** que forman la materia, es decir, la **fusión nuclear**. Las estrellas son también el origen de uno de los fenómenos más sorprendentes y misteriosos del universo: los famosos **agujeros negros**.

LOS ELEMENTOS QUÍMICOS

Todos los planetas, las rocas, el aire y los seres vivos estamos formados por **elementos químicos**. Unos aparecen aislados, por ejemplo el **oxígeno**, que forma parte de la atmósfera que respiramos (son dos átomos de oxígeno), pero otros muchos se unen entre sí para constituir compuestos químicos, como el **agua** (formada por dos átomos de hidrógeno y uno de oxígeno). El **hidrógeno** es el elemento más sencillo de todos, al que le sigue el **helio**. Estos dos elementos son precisamente los más abundantes en todo el universo. Son los que primero se formaron. Todos los restantes surgieron en el interior de las estrellas, que de este modo funcionan como fábricas productoras de elementos químicos.

El átomo de **helio** consta de un núcleo formado por dos **protones** y dos **neutrones**, más dos **electrones** que giran en una órbita a su alrededor.

El átomo de **hidrógeno** consta solamente de un **protón** en el centro y un **electrón** que gira en órbita alrededor de él.

El **carbono** tiene seis **protones** y seis **neutrones** en su núcleo. Este elemento se formó (y se está formando) en el interior de las estrellas.

LA COMBUSTIÓN DE LAS ESTRELLAS

Cuando miramos el cielo vemos las estrellas como pequeños puntos brillantes, es decir, que emiten **luz**. La luz es **energía** y en el interior de la estrella se produce gracias a un proceso llamado **fusión nuclear**. Consiste en que dos o más **átomos** se fusionan y producen un nuevo átomo, pero cuya **masa** es un poco menor que la suma de todos los átomos que lo han formado. Por lo tanto, queda una pequeña cantidad de masa sobrante, que se transforma en energía, la cual, al escapar de la estrellas, lo hace en forma de la luz que vemos desde la Tierra.

LA FUSIÓN NUCLEAR

Los científicos están intentando conseguir en la Tierra la **fusión nuclear** para obtener energía sin los peligrosos residuos de las actuales **centrales nucleares**.

La fusión de cuatro **protones** produce un átomo de **helio** más una pequeña cantidad de energía.

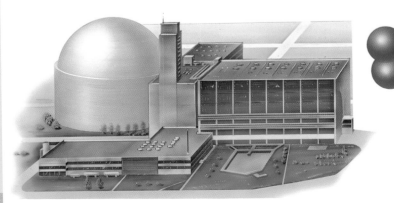

LOS AGUJEROS NEGROS

Introducción

El espacio

El sistema
solar

El Sol

Mercurio

Venus

La Tierra

Marte

Asteroides

Júpiter

Saturno

Urano

Neptuno
y Plutón

La exploración
del universo

Astronáutica

Índice
alfabético

Los astrónomos observaron en regiones muy lejanas del universo determinados lugares donde sus telescopios no registraban ninguna imagen. Sin embargo, los cálculos que realizaban indicaban que allí tenía que haber algo. Como en las fotografías no aparecía ninguna imagen, se les denominó **agujeros negros**. Eran lugares misteriosos, por lo que comenzaron a estudiarse con intensidad y se descubrió que se trataba de **estrellas de protones** de una densidad tan grande que su gravedad impedía salir cualquier tipo de energía, incluso la **luz**.

Hasta la fecha no se ha podido observar directamente ningún agujero negro, sólo se ven sus efectos.

La **masa** de un agujero negro es varias veces superior a la del Sol, pero su diámetro es sólo de unos pocos kilómetros.

La fuerza de escape necesaria para abandonar un agujero negro es superior a la **velocidad de la luz**.

LOS TIPOS DE ESTRELLAS

Aunque en principio todas las estrellas son iguales, presentan distintos aspectos dependiendo de su edad, su tamaño y su evolución, por lo que pueden clasificarse en varios tipos. Muchos de ellos también pueden observarlos los astrónomos aficionados con ayuda de telescopios pequeños. Entre los principales están las estrellas **dobles**, las **variables**, las **novas**, las **supernovas**, los **púlsares** y los **quásar**.

ESTRELLAS DOBLES

En muchos lugares del espacio aparecen estrellas que giran conjuntamente alrededor de un centro gravitatorio común. Se las conoce como **estrellas dobles**. Tiene su origen en una misma masa de materia espacial, que se condensó y formó las dos estrellas.

Después de la explosión de una supernova queda la materia formando nubes dispersas por el espacio.

ESTRELLAS VARIABLES

Hay estrellas que no presentan siempre el mismo brillo, sino que lo modifican a intervalos regulares, que pueden ir desde unos pocos meses a varios años. Se las denomina **variables verdaderas** y se diferencian de otras que varían su luminosidad de modo irregular porque sufren algún tipo de cambio. Otras varían su brillo debido a que forman una pareja, girando una alrededor del otro, por lo que desde la Tierra se eclipsan con regularidad.

NOVAS

En las parejas formadas por una estrella **enana blanca** y una **gigante roja**, de vez en cuando la gran fuerza de atracción de la estrella enana atrae hidrógeno de la gigante y este combustible adicional la hace brillar durante unas horas con gran intensidad. Así, la enana roja aumenta súbitamente de luminosidad y recibe entonces el nombre de **nova**.

SUPERNOVAS

Las estrellas en sus últimas etapas de **vida** tienen color rojo. Cuando son gigantes acaban explotando de un modo espectacular, aumentando su brillo miles de veces. Esa explosión se debe a que las **reacciones nucleares** que tienen lugar en su interior han acabado por consumir todo el **hidrógeno** y se han producido nuevos elementos más pesados. La masa es tan grande, que la estrella se hunde sobre sí misma y explota, expulsando toda la materia por el espacio.

Introducción

El espacio

El sistema
solar

El Sol

Mercurio

Venus

La Tierra

Marte

Asteroides

Júpiter

Saturno

Urano

Neptuno
y Plutón

La exploración
del universo

Astronáutica

Índice
alfabético

PÚLSARES

Los **púlsares** son **estrellas de neutrones** que se producen al final de la vida de una **estrella gigante**, después de haber explotado. Giran a una gran velocidad (hasta 600 veces por segundo) y su **campo magnético** produce entonces intensas corrientes electromagnéticas. Estas ondas llegan a la Tierra en forma de impulsos que se repiten a intervalos regulares, como si la estrella tuviera pulso, y de ahí les viene el nombre.

Un año-luz es la distancia que recorre la luz en un año a 300.000 km/s.

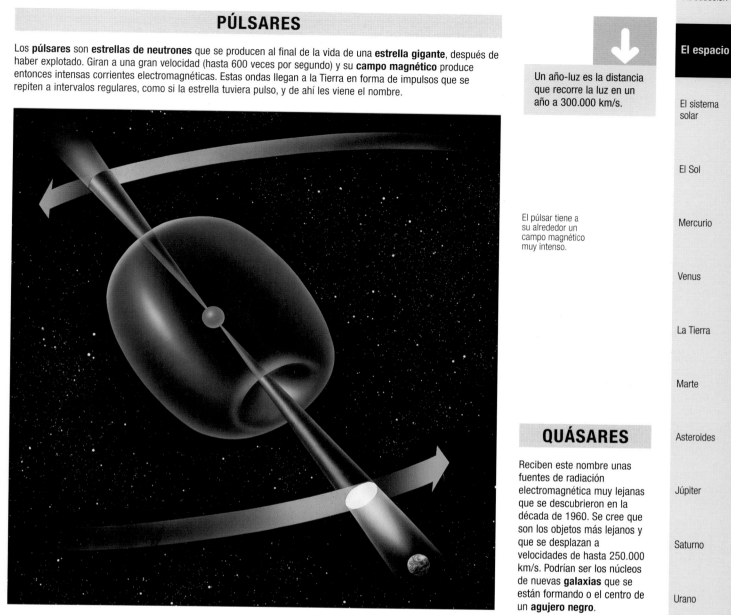

El púlsar tiene a su alrededor un campo magnético muy intenso.

QUÁSARES

Reciben este nombre unas fuentes de radiación electromagnética muy lejanas que se descubrieron en la década de 1960. Se cree que son los objetos más lejanos y que se desplazan a velocidades de hasta 250.000 km/s. Podrían ser los núcleos de nuevas **galaxias** que se están formando o el centro de un **agujero negro**.

ESTRELLAS MÁS BRILLANTES DEL HEMISFERIO NORTE

Nombre	Magnitud	Constelación	Distancia (años-luz)
Arturo	-0,1	Boötes	36
Vega	0,0	Lira	27
Cappella	0,0	Auriga	45
Proción	0,4	Can Menor	11
Betelgeuse	variable	Orión	520

ESTRELLAS MÁS BRILLANTES DEL HEMISFERIO SUR

Nombre	Magnitud	Constelación	Distancia (años-luz)
Sirio	-1,4	Can Mayor	8,7
Canopus	-0,7	Carina	190
Alfa Centauro	-0,3	Centauro	4,3
Rigel	0,1	Orión	900
Achernar	0,5	Eridanus	118

CÚMULOS Y NEBULOSAS

El espacio está lleno de materia distribuida de modo irregular. Los planetas y las estrellas tienen su origen en esa materia interestelar, que se agrupa formando nebulosas. Una vez formadas, las estrellas no apare-cen casi nunca aisladas sino que forman grupos más o menos densos. Desde la Tierra, esta **materia interestelar** y los grupos de estrellas aparecen como nubes de color dispersas.

LOS CÚMULOS

Las estrellas no aparecen aisladas sino formando grupos llamados **cúmulos**. Esto se debe a que se han formado a partir de una misma masa de **materia interestelar**, que al condensarse en distintos puntos dio origen a varias de ellas. Casi todas las que forman un mismo cúmulo tienen una edad muy parecida y se desplazan por el espacio a la misma velocidad. Hay dos tipos, unos formados por estrellas dispersas, y que se llaman **cúmulos abiertos**, y otros formados por miles de estrellas agrupadas muy juntas en una especie de esfera, y que se llaman **cúmulos globulares**.

Los **cúmulos globulares** se encuentran a una distancia comprendida entre 20.000 y 100.000 años-luz de la Tierra y están formados por estrellas muy viejas.

Uno de los cúmulos más famosos es el de las **Pléyades**, en la constelación de **Toro**.

 Los **cúmulos abiertos** se encuentran a unos 5.000 años-luz de la Tierra y están formados por estrellas relativamente jóvenes.

ALGUNOS CÚMULOS OBSERVABLES FÁCILMENTE

Constelación	Nombre	Tipo	Hemisferio	Observación
Ara	NGC6193	abierto	sur	con prismáticos
Auriga	M38	abierto	norte	con prismáticos
Cáncer	M44	abierto	norte	a simple vista
Can Mayor	M41	abierto	sur	a simple vista
Centauro	NGC5139	globular	sur	con prismáticos
Escorpión	M7	abierto	sur	a simple vista
Pegaso	M15	globular	norte	a simple vista
Toro	M45 (Pléyades)	abierto	norte	a simple vista
Vela	NGC2547	abierto	sur	a simple vista

Introducción

El espacio

El sistema
solar

El Sol

Mercurio

Venus

La Tierra

Marte

Asteroides

Júpiter

Saturno

Urano

Neptuno
y Plutón

La exploración
del universo

Astronáutica

Índice
alfabético

La nebulosa Trífida, en la constelación de Sagitario.

Una nebulosa brillante en la constelación de Orión.

LAS NEBULOSAS

Estas estructuras son nubes de **gas** y de **polvo interestelar** que según sean más o menos densas resultan visibles o no desde la Tierra. Algunas emiten luz cuando las calienta una estrella relativamente cercana, pero otras sólo tienen gases oscuros, por lo que no son visibles. Sin embargo, como el polvo interestelar absorbe la luz, se puede deducir el lugar que ocupa la nebulosa cuando oculta algún otro cuerpo espacial del cual podemos comprobar su existencia por otros métodos.

Las nebulosas son la materia prima de la que se formarán las estrellas, y presentan diferentes colores según la temperatura a la que se encuentren.

ALGUNAS NEBULOSAS OBSERVABLES FÁCILMENTE

Se llaman nebulosas planetarias las formadas por una nube de gas que rodea una estrella.

Constelación	Nombre	Tipo	Hemisferio	Observación
Acuario	NGC7293	planetaria	sur	con prismáticos
Carina	NGC3372	de polvo	sur	con prismáticos
Lira	M57	planetaria	norte	telescopio sencillo
Orión	M42	de polvo	sur	a simple vista
Sagitario	M20	de polvo	sur	con telescopio sencillo
Vulpecula	M27	planetaria	norte	con telescopio sencillo

GALAXIAS

Desde que se formó en el curso de la gran **explosión original**, el universo se está expandiendo. La materia resultante de esa explosión es la que ha dado lugar a las nubes de gas y polvo **interestelar**, a las **estrellas** y a los **planetas**. Pero toda esta materia y estos cuerpos celestes no están distribuidos uniformemente por el espacio sino que se reúnen en grupos. Uno de los más importantes es el de la **galaxia**, que es el sistema estelar básico.

TIPOS DE GALAXIAS

La enorme cantidad de estrellas que forman una galaxia puede ordenarse de maneras muy diversas y eso ha dado lugar a distintos tipos. Unas son **redondas** o más o menos **elípticas**, otras aplanadas o en forma de lenteja y otras más **espirales**, provistas de dos o más brazos que parten de un núcleo central, que es donde se acumulan la mayor parte de las estrellas que la forman.

Las galaxias, lo mismo que los cúmulos y las nebulosas, se nombran mediante una letra y un número. La primera clasificación la hizo el astrónomo francés **C. Messier,** por lo que muchas galaxias se designan con una M y un número.

EL CHOQUE DE LAS GALAXIAS

Dado que muchas galaxias, principalmente las que forman un **grupo local**, se encuentran relativamente cerca unas de otras, es frecuente que "choquen". Lo que sucede en realidad es que a medida que se aproximan, la **fuerza de la gravitación** de cada galaxia comienza a influir sobre las estrellas más alejadas de la otra. De este modo, cada galaxia va perdiendo unas pocas de sus estrellas, que se aproximan hasta la otra galaxia. En el caso más completo, las dos masas de estrellas acaban formando una nueva galaxia.

Al fusionarse dos galaxias pueden chocar unas estrellas con otras, pero no siempre sucede así.

GRUPOS LOCALES

Las galaxias no suelen estar solas en el universo sino que, a su vez, se reúnen en unidades de dos o más galaxias, llamadas **grupos locales**.

LA EXPANSIÓN DEL UNIVERSO

Las galaxias más alejadas de nosotros se mueven a una velocidad de cerca de 270.000 kilómetros por segundo.

Una de las pruebas de la **expansión del universo** es que las galaxias que lo forman se están alejando entre sí. Visto desde la **Tierra**, que forma parte de una galaxia, se observa que las restantes se están alejando de nosotros y lo hacen a tanta mayor velocidad cuanto más lejos se encuentran. Las que están en los límites exteriores del universo son las que nacieron en primer lugar, es decir, las más antiguas, y se desplazan a una velocidad que se va acercando a la de la luz, que es la máxima velocidad posible.

¿CÓMO SE MIDE LA VELOCIDAD DE UNA GALAXIA?

Para poder medir la velocidad de una estrella o una galaxia se utiliza el llamado **efecto Doppler**, según el canal cuando un cuerpo celeste se aleja de nosotros la luz que emite es tanto más roja cuanto más deprisa se desplace, y a la inversa, cuando el objeto se acerca, la luz que emite es azul. Este efecto es el mismo que se produce en la Tierra con el **sonido**. El pitido de una locomotora que se acerca se hace cada vez más agudo a medida que se aproxima, pero cuando ha pasado junto a nosotros y se aleja, ese sonido se va haciendo cada vez más grave.

La galaxia de Andrómeda está a 2,2 millones de años luz de la Tierra.

LAS CONSTELACIONES DEL HEMISFERIO NORTE

Las estrellas que pueden observarse en una noche clara forman determinadas figuras llamadas **constelaciones**. Los astrónomos de la antigüedad ya observaron este hecho y dieron nombres mitológicos a esas figuras. En la actualidad siguen utilizándose, pues son una referencia útil en los **mapas celestes**. En el hemisferio norte las estrellas se agrupan en 37 constelaciones.

CENTAURO

BALANZA

CIELO EN MOVIMIENTO

El aspecto del cielo también varía con la hora y las estrellas parecen girar por el firmamento.

LEÓN

Régulus

OSA MAYOR

Cástor

Pólux

GEMELOS

UNICORNIO

Betelgeuse

ORIÓN

Rigel

Debido al movimiento de la Tierra, en cada estación se observa un mapa celeste distinto.

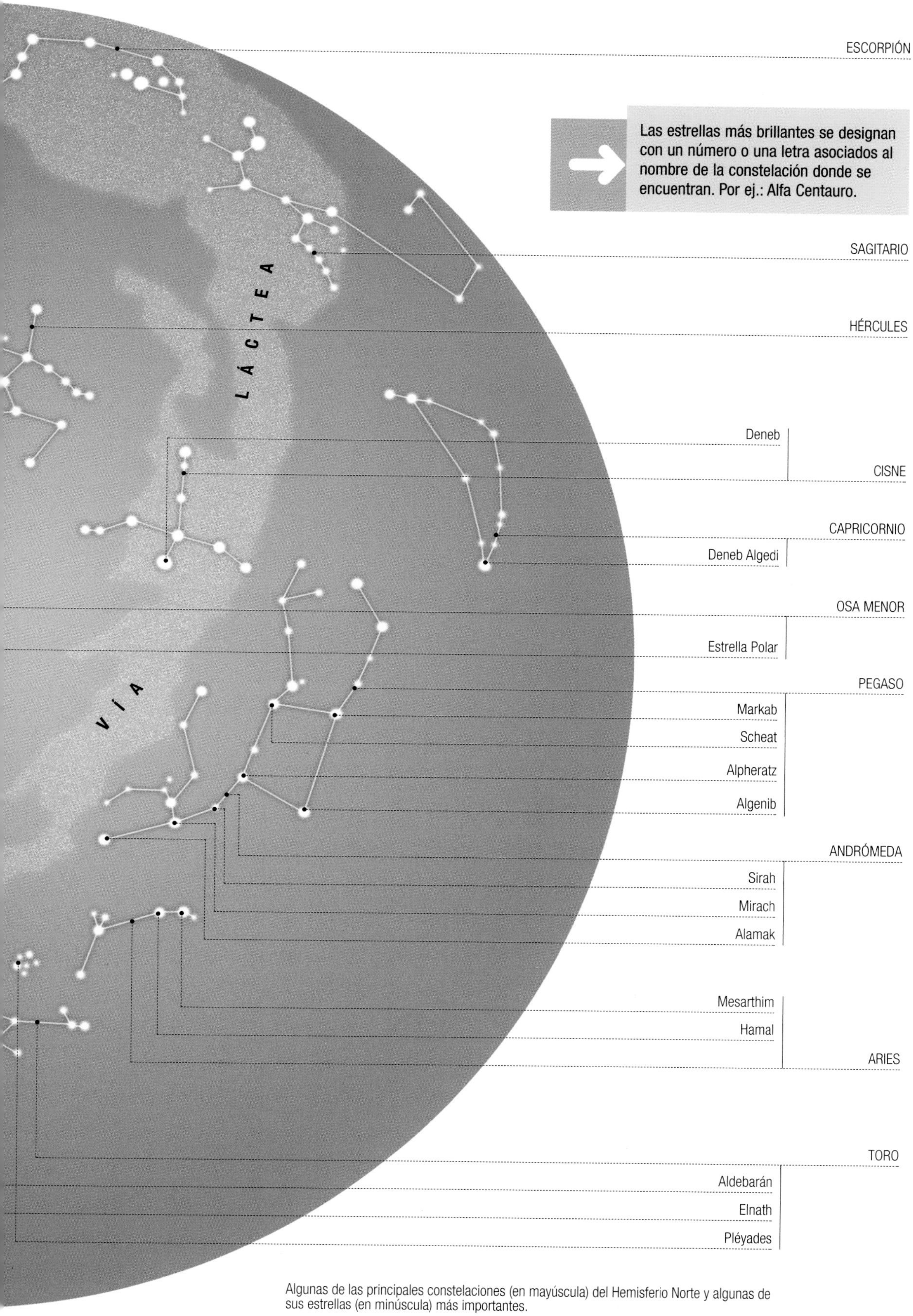

ESCORPIÓN

Las estrellas más brillantes se designan con un número o una letra asociados al nombre de la constelación donde se encuentran. Por ej.: Alfa Centauro.

SAGITARIO

HÉRCULES

Deneb

CISNE

CAPRICORNIO

Deneb Algedi

OSA MENOR

Estrella Polar

PEGASO

Markab

Scheat

Alpheratz

Algenib

ANDRÓMEDA

Sirah

Mirach

Alamak

Mesarthim

Hamal

ARIES

TORO

Aldebarán

Elnath

Pléyades

VÍA LÁCTEA

Algunas de las principales constelaciones (en mayúscula) del Hemisferio Norte y algunas de sus estrellas (en minúscula) más importantes.

LAS CONSTELACIONES DEL HEMISFERIO SUR

Algunas de las 51 **constelaciones** del hemisferio sur ya se conocían en la antigüedad y recibieron también nombres mitológicos, pero la mayoría se describieron con posterioridad, por lo que a menudo tienen nombres relativos a instrumentos científicos, como Telescopio, Brújula, Sextante, etc.

LIRA

CISNE

Deneb

SAGITARIO

CAPRICORNIO

ACUARIO

Alpheratz

Markab

PEGASO

Scheat

Algenib

PISCIS

Sirah

Mirach

ANDRÓMEDA

Alamak

TORO

→ Las constelaciones sirven para designar de manera rápida cada una de las regiones del firmamento.

Algunas de las principales constelaciones (en mayúscula) del Hemisferio Sur y algunas de sus estrellas (en minúscula) más importantes.

PLANOS CELESTES

Los planos celestes representan en el centro las estrellas que en la fecha correspondiente del mapa se encuentran en el cenit, es decir, encima de nuestras cabezas.

Los planos celestes son representaciones planas y para utilizarlos hay que orientarlos por los puntos cardinales marcados y mirando al horizonte en la misma dirección.

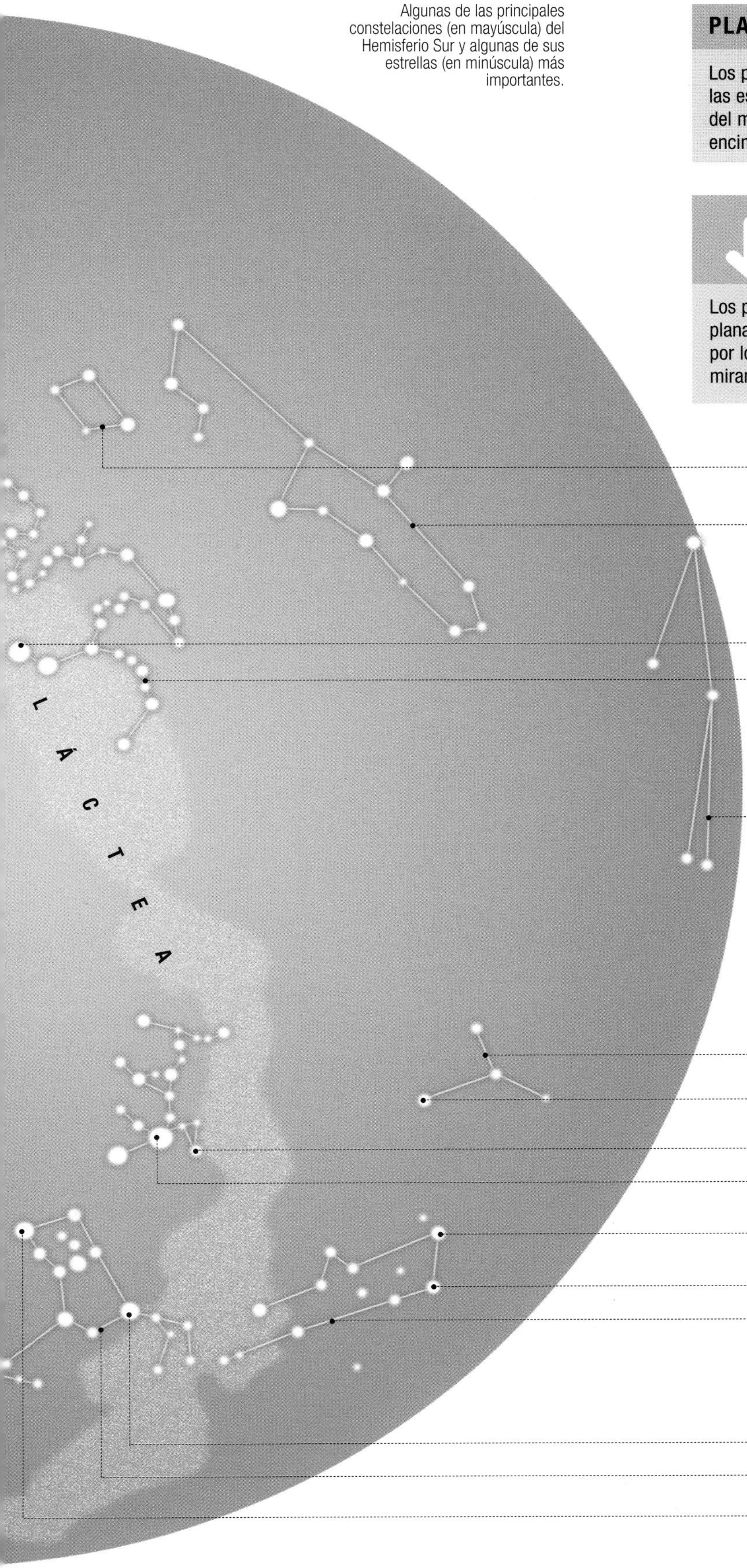

BALANZA

VIRGEN

Alfa Centauro

CENTAURO

OSA MAYOR

CANGREJO

Acubens

CAN MAYOR

Sirio

Pólux

Cástor

GEMELOS

Betelgeuse

ORIÓN

Rigel

VÍA LÁCTEA

LA VÍA LÁCTEA

Entre las numerosas **galaxias** que constituyen el universo, la que mejor conocemos es la llamada **Vía Láctea**, que es donde nos encontramos. Puesto que forma una especie de plano, en uno de cuyos extremos se encuentra el **Sol** y sus **planetas**, la vemos de perfil y en el cielo nocturno se nos presenta como una franja brillante que recorre el firmamento de un extremo a otro.

HISTORIA

Aristóteles creía que esa franja blanquecina que atravesaba el firmamento era una perturbación atmosférica. En el siglo XVII, cuando se construyeron los primeros telescopios, Galileo descubrió que esa mancha estaba formada en realidad por estrellas, por lo que no era un fenómeno de nuestra atmósfera. Poco a poco se descubrieron nuevas estrellas y la Vía Láctea fue desde entonces sinónimo de universo. Sin embargo, con la llegada del siglo XX se produjo una nueva revolución científica. Se descubrió que más lejos existían también otras enormes agrupaciones de estrellas, nuevas galaxias, por lo que el universo ya no era sólo la Vía Láctea sino un conjunto de numerosas galaxias, entre ellas la nuestra.

Imagen de la Vía Láctea obtenida a partir de radiaciones estelares.

LA FORMA DE NUESTRA GALAXIA

Aunque en el cielo la vemos como una larga franja eso se debe únicamente a un efecto óptico, a que nos encontramos en un mismo plano. La Vía Láctea es una galaxia espiral, con una zona central en forma de lenteja, o disco aplanado, y cuatro brazos que parten de ella. El Sol, y con ello la Tierra, se encuentra situado en el borde exterior de uno de estos brazos.

Vista lateral de la Vía Láctea.

Para averiguar la forma y las dimensiones de la Vía Láctea se han utilizado no sólo observaciones ópticas sino también mediciones de la radiación emitida desde diversos puntos.

Introducción

El espacio

El sistema
solar

El Sol

Mercurio

Venus

La Tierra

Marte

Asteroides

Júpiter

Saturno

Urano

Neptuno
y Plutón

La exploración
del universo

Astronáutica

Índice
alfabético

EVOLUCIÓN DE LA VÍA LÁCTEA

Al parecer, la Vía Láctea era originalmente una galaxia de tipo esférico, que giraba a escasa velocidad. Luego se fue concentrando la materia interestelar del núcleo, aumentando su densidad y con ello también la velocidad de giro. Esto provocó un gradual aplastamiento hasta dar lugar al aspecto de disco aplanado que presenta en la actualidad. A medida que evolucionaban las estrellas situadas en el exterior, se formaron los brazos hasta adquirir el conjunto la forma de una espiral de cuatro brazos. Todo este proceso ha tenido lugar, al parecer, en el curso de unos 10.000 millones de años.

Se calcula que la Vía Láctea contiene cerca de 300.000 estrellas. Todas las que podemos contemplar a simple vista pertenecen a nuestra galaxia.

DIMENSIONES

El núcleo central de la Vía Láctea tiene un diámetro de unos 15.000 años-luz, mientras el espesor de su núcleo central es de unos 2.000 años-luz.

En el universo (arriba, derecha) se encuentran numerosas galaxias; nuestro sistema solar se encuentra en un extremo (abajo, izquierda) de la Vía Láctea.

Por fuera del plano de la galaxia se disponen numerosos cúmulos de estrellas.

En el centro de nuestra galaxia parece existir un gran agujero negro.

ECLIPSES

En la antigüedad fueron presagios, a menudo de grandes males, pues la desaparición de la luz se suponía que era un castigo de los dioses. Hoy sabemos que son un fenómeno debido a la mecánica celeste, cuando dos o más astros coinciden en determinadas posiciones a lo largo de sus órbitas, interponiéndose en el camino de la luz que conduce de uno a otro.

LOS ECLIPSES

Todo astro que gira alrededor de una estrella tiene siempre un lado iluminado y otro a oscuras y, además, proyecta por detrás suyo un amplio cono donde no llega la luz. Es lo que sucede con nuestro planeta cuando gira alrededor del **Sol**. De **noche**, aunque nos elevemos muchos kilómetros, seguiremos a oscuras, pues el cono proyectado es muy largo. Cuando la **Luna** pasa por detrás de ese cono, también queda oscurecida y entonces tiene lugar un **eclipse de Luna**. Lo inverso es cuando nuestro satélite se interpone entre nosotros y el Sol. En ese caso se produce un **eclipse de Sol**, pero como la Luna es más pequeña también lo es el cono de oscuridad proyectado y no cubre toda la superficie de la Tierra sino sólo un determinado círculo.

ALGUNOS ECLIPSES DE LUNA DE LA DÉCADA 2000

Fecha	Tipo
16 de mayo de 2003	total
9 de noviembre de 2003	total
4 de mayo de 2004	total
28 de octubre de 2004	total
3 de marzo de 2007	total
21 de febrero de 2008	total
16 de agosto de 2008	total

Tres momentos en que el cono de sombra de la Tierra oscurece parcial o totalmente la Luna, nuestro satélite.

Para que se produzca un eclipse, los astros afectados deben estar perfectamente alineados.

La órbita de la Luna alrededor de la Tierra está inclinada unos 5° respecto a la de la Tierra alrededor del Sol. Ello hace que, en el momento de la Luna llena, ésta pase por encima o por debajo del cono de sombra que produce la Tierra. Sólo algunas veces la Luna está exactamente alineada con la Tierra y el Sol en la Luna llena, produciéndose entonces un eclipse.

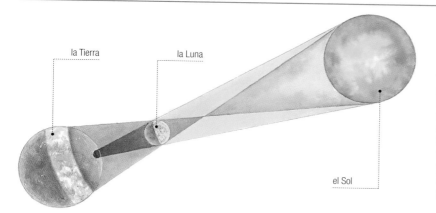

la Tierra   la Luna

el Sol

ECLIPSES DE SOL

Esta ocultación de la luz solar es uno de los fenómenos astronómicos más espectaculares que podemos observar desde la Tierra. Al interponerse la Luna entre el Sol y la superficie terrestre, proyecta una sombra circular, donde se hace de noche durante algunos minutos. Es la zona de **eclipse total**. En otras áreas, la Luna sólo cubre una parte del disco solar y entonces se habla de un **eclipse parcial**. Cuando la Luna presenta un tamaño ligeramente inferior al disco solar, entonces lo que se produce es un **eclipse anular**.

Los eclipses de Sol son muy importantes para los científicos, pues durante ellos es posible observar la **corona solar**, que normalmente queda deslumbrada.

Al cubrir una menor superficie terrestre, los eclipses solares sólo pueden observarse en determinados lugares de la Tierra, a diferencia de lo que sucede con los eclipses de Luna.

No debe observarse **nunca directamente** un eclipse de Sol pues pueden producirse graves daños oculares, e incluso **ceguera**. Hay que utilizar cristales especiales que protegen contra las radiaciones y nunca unas gafas de sol ni un vidrio oscurecido con humo.

ALGUNOS ECLIPSES DE SOL DE LA DÉCADA 2000

Fecha	Tipo
31 de mayo de 2003	anular
3 de octubre de 2005	anular

EL SISTEMA SOLAR

Entre los miles de **estrellas** que constituyen nuestra **galaxia** hay una de mediano tamaño, que se encuentra situada en uno de los bordes y que tiene especial interés para nosotros, pues vivimos cerca de ella, se trata del **Sol**. Esta singular estrella, junto con los restantes planetas que giran orbitando a su alrededor, constituye lo que llamamos el **sistema solar**. Está formado por los nueve planetas conocidos hasta la fecha, junto con sus satélites, y una franja de restos rocosos que forman el llamado cinturón de asteroides, situado entre Marte y Júpiter, y que podría ser el material de un antiguo planeta destruido.

EL SOL Y SUS PLANETAS

Las dimensiones del Sol son superiores a las de cualquiera de sus **planetas**, pues el más grande de ellos, Júpiter, tiene un diámetro diez veces inferior. Además, la **masa** que forma el sistema solar está concentrada en casi el 99 por ciento en él y el resto se distribuye entre los planetas. Éstos giran a su alrededor en **órbitas** más o menos circulares. El tiempo que tardan en completar esa órbita es lo que llamamos **año**, que en el caso de la Tierra son unos 365 días. Pero el año es variable, dependiendo de lo alejado que se encuentre cada planeta del Sol. El más corto es el de **Mercurio**, que dura sólo 88 días, mientras que el más largo es el de **Plutón**, pues equivale a 248 años terrestres.

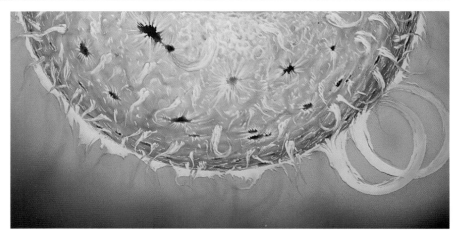

TIPOS DE PLANETAS

Hay dos grupos principales de planetas: los menores (Mercurio, Venus, la Tierra y Marte) son pequeños, de estructura rocosa y con una densidad relativamente alta. Los planetas gigantes (Júpiter, Saturno, Urano y Neptuno) son muy grandes, tienen baja densidad y están formados en gran parte por materia en estado líquido o gaseoso. Plutón es el más pequeño y con los posibles nuevos planetas que se descubran formaría los planetas exteriores.

→ La misma fuerza que hace que los planetas giren alrededor del Sol es la que obliga a los satélites a permanecer en órbita alrededor de sus planetas.

El enorme calor desprendido por el Sol se va atenuando con la distancia. Mientras que en Mercurio la temperatura en la superficie alcanza los 430 grados centígrados durante el día, en Plutón no se superan los 223 grados centígrados bajo cero.

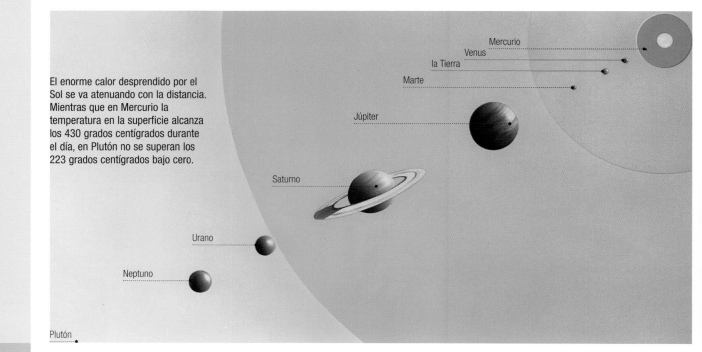

Mercurio
Venus
la Tierra
Marte
Júpiter
Saturno
Urano
Neptuno
Plutón

EL ORIGEN

Hace unos 4.600 millones de años el lugar que hoy ocupa el sistema solar estaba lleno de polvo y gas, procedente al parecer de una **supernova** que había explotado anteriormente. Todo ese material comenzó a condensarse gracias a la **fuerza de la gravedad**. Se formó así un núcleo denso que agrupaba a la mayor parte de toda la masa, surgiendo de este modo el **Sol**. El resto del material quedó formando una especie de disco alrededor de esta **estrella**. Los choques entre las partículas de polvo y entre las pequeñas rocas provocaron también que fueran condensándose alrededor de determinados puntos, dando así lugar a las masas que denominamos **planetas**.

LEY DE BODE

Este astrónomo encontró una curiosa relación numérica entre las distancias que guardan los **planetas** con respecto al **Sol**. Primero se hace una serie numérica formada por el 0, que sería **Mercurio**, el 3, que sería **Venus**, y las restantes cifras iguales siempre al doble de la anterior, representando los demás planetas. Si sumamos 4 a cada cifra y dividimos por 10, se obtiene una nueva serie en la que el 1 es la distancia de la **Tierra** al Sol y donde cada cifra coincide casi exactamente con la distancia del correspondiente planeta a nuestra estrella.

	Mercurio	Venus	la Tierra	Marte	Asteroides	Júpiter	Saturno	Urano	Neptuno	Plutón
	0	3	6	12	24	48	96	192	384	768
	0,4	0,7	1	1,6	2,8	5,2	10	19,6	38,8	77,2

SATÉLITES

El sistema solar está formado por varios pequeños sistemas, llamados **planetarios**, que se rigen por las mismas leyes que atan al Sol con sus **planetas**. Cada uno de estos sistemas está formado por un planeta y uno o más **satélites** girando a su alrededor. Los planetas menores tienen pocos satélites: **Mercurio** y **Venus** ninguno, **Marte** 2 y **la Tierra** 1. Los planetas gigantes, en cambio, tienen muchos: **Júpiter** 16, **Saturno** 23, **Urano** 15 y **Neptuno** 8. Por último, **Plutón**, como los planetas menores, tiene sólo 1 satélite.

EL SOL: NUESTRA ESTRELLA

El Sol es una estrella modesta situada en una esquina de nuestra galaxia y que probablemente no destaca en el firmamento que pueda contemplarse desde un hipotético planeta de otra estrella. Sin embargo, dependemos de ella para vivir y gracias a su proximidad es la que más conocemos y a la que mayor cantidad de estudios se han dedicado.

COMPOSICIÓN

El **Sol** es una **estrella** del tipo de las **enanas amarillas**, es decir, relativamente modesta, pero al estar a unos 150 millones de kilómetros de la Tierra es el principal astro del firmamento. Es una gran esfera formada aproximadamente por un 24 % de **helio**, un 75 % de **hidrógeno** y un 1 % de otros elementos. En su interior tienen lugar reacciones de fusión **nuclear**, gracias a las cuales los átomos de hidrógeno se funden para dar lugar a los de **helio**, algo más pesados, y producen una pequeña cantidad de energía. Esta **energía** es la que se emite hacia el espacio y que llega hasta la Tierra, haciendo posible la vida.

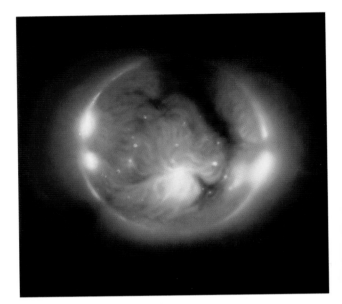

El *Skylab* proporcionó entre 1973 y 1979 los primeros datos sobre las radiaciones solares que no llegan a la superficie terrestre.

EL SOL

Características físicas		Características astronómicas	
Temperatura superficial	5.800 °K	Magnitud visual	-26,8
Diámetro	1.392.530 km	Magnitud absoluta	+4,8
Volumen	$1,41 \times 10^{18}$ m³	Distancia media a la Tierra	149.600.000 km
Masa	2×10^{30} kg	Período de rotación	25-35 días

El **diámetro** del Sol es algo más de 100 veces superior al de la Tierra.

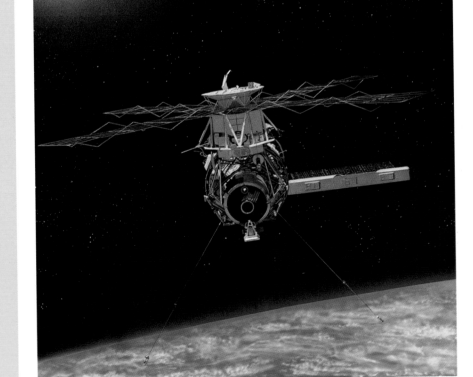

LA OBSERVACIÓN DEL SOL

Nunca debe mirarse directamente al Sol, pues podemos quedarnos ciegos, y menos a través de unos **prismáticos** o un **telescopio**. Para observarlo se utilizan telescopios especiales que reflejan en un espejo la imagen y que van provistos de filtros. Para estudiar las radiaciones procedentes del núcleo solar se emplean receptores situados en el fondo de grandes cisternas. Desde que se han lanzado al espacio **satélites artificiales**, **naves** y **laboratorios espaciales**, se han conseguido importantísimos datos sobre la estructura del Sol.

El Sol pesa unas 330.000 veces más que la Tierra.

El Sol consume 600 millones de toneladas de hidrógeno por segundo para producir energía.

Introducción

El espacio

El sistema
solar

El Sol

Mercurio

Venus

La Tierra

Marte

Asteroides

Júpiter

Saturno

Urano

Neptuno
y Plutón

La exploración
del universo

Astronáutica

Índice
alfabético

ESTRUCTURA

El Sol es una enorme masa gaseosa formada por un **núcleo** (1) central muy caliente rodeado de capas sucesivas más frías. Así, en el núcleo la **temperatura** es de unos 14 millones de grados mientras que en la superficie sólo llega a 6.000 grados. Por encima del núcleo se encuentra la **zona radiante** (2), donde se producen radiaciones hacia el exterior, le sigue la **zona convectiva** (3), donde se forman grandes columnas de gases que suben y bajan, y finalmente la superficie, llamada **fotosfera** (4), y que es una capa delgada.

Por encima de la fotosfera se dispone una delgada capa llamada **cromosfera** (que mide unos 3.000 km de espesor), seguida de la **corona solar**, que es una zona muy caliente. Estas dos zonas pueden considerarse la atmósfera del Sol.

Corte imaginario del Sol que permite observar sus diferentes capas.

NÚCLEO NOTABLE

El **núcleo** solar ocupa aproximadamente la cuarta parte del volumen del Sol.

Las radiaciones solares, entre ellas la luz visible, tardan unos 8 minutos en llegar a la Tierra.

La **zona radiante** es una capa gruesa, que se extiende entre el 0,25 y el 0,80 del radio del Sol.

La **velocidad de la luz** es de 299.792,5 kilómetros por segundo.

rayos x | luz ultravioleta | luz visible | luz infrarroja | ondas de radio

Espectro de la radiación solar.

La parte de la radiación solar que los seres humanos podemos ver se llama luz visible y está comprendida entre 380 y 780 nm de longitud de onda.

LA LUZ SOLAR

El Sol emite una gran cantidad de **radiaciones electromagnéticas** a consecuencia de las reacciones nucleares que tienen lugar en su interior. Una parte de esas radiaciones se emite hacia el exterior y llegan a nuestro planeta. Tienen **longitudes de onda** muy diversas, que van desde los **rayos X** hasta las **ondas de radio** y sólo una parte podemos verla, en forma de **luz visible**. Ésta aparece a nuestros ojos de color blanco pero también está formada por varias radiaciones de longitudes de onda diferente y cada una de las cuales es un **color**.

Vista de la zona convectiva donde el gas caliente asciende, se enfría y desciende de nuevo hacia el interior.

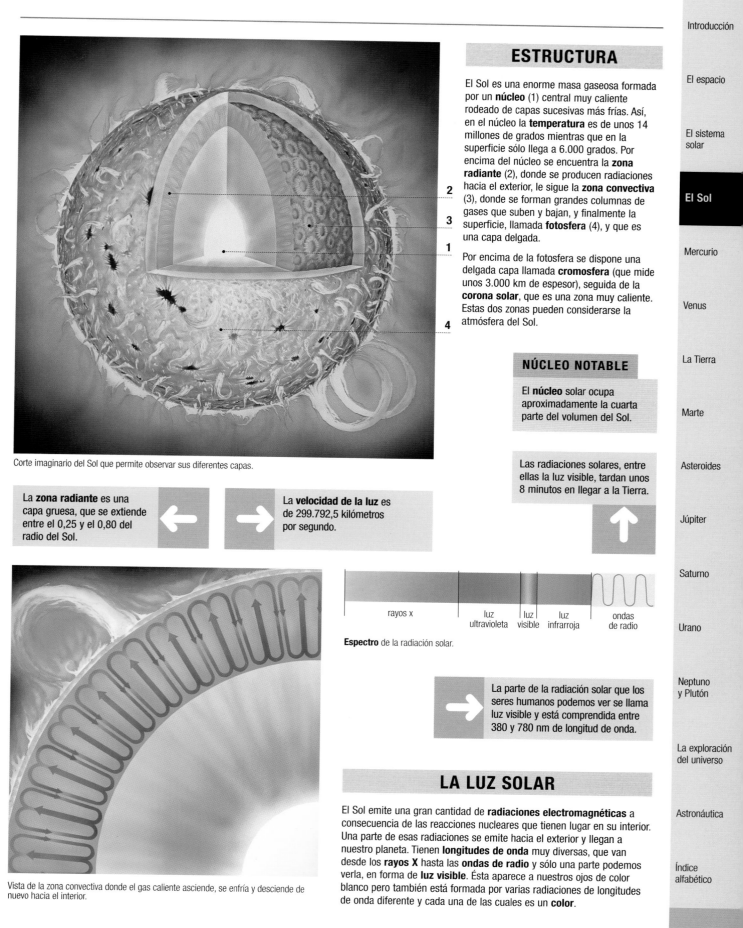

EL SOL: UN ASTRO ACTIVO

Si contemplamos un paisaje bañado por el Sol, su luz uniforme inunda todo. No podemos mirarlo directamente, pues corremos el peligro de quedarnos ciegos. Pero si lo observamos a través de un **telescopio solar**, descubriremos que su superficie es como un gran mar, con enormes olas, manchas que se desplazan y un halo brillante que le rodea.

LAS MANCHAS SOLARES

Se trata de zonas de la superficie solar de color más oscuro que el fondo debido a que se encuentran a menor temperatura. Aparecen más o menos cerca del ecuador y nunca se observan en los polos solares. Constan de una zona central más oscura y un reborde de penumbra, algo más claro. Su forma es muy variable y también su tamaño. Pueden durar entre unas pocas horas y varios meses, dependiendo de su tamaño.

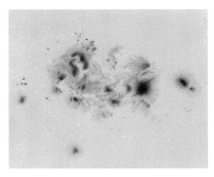

Las manchas solares se desplazan siguiendo la rotación del Sol, y su número no es constante sino que varía según un ciclo de unos 11 años, llamado ciclo solar.

El último período de máxima **actividad solar** fue entre los años 1990-1991 y se espera que el próximo se sitúe alrededor del año 2003.

TEMPERATURA

Las manchas solares están a unos 4.000 grados de temperatura.

Las mayores protuberancias solares provocan en la Tierra interferencias que afectan a las **telecomunicaciones**.

Las protuberancias solares en forma de seto (**quiescentes**) alcanzan poca altura pero pueden durar algunos meses.

LAS PROTUBERANCIAS SOLARES

La **cromosfera** está a unos 100.000 grados de temperatura pero es muy poco densa y apenas emite energía. Sin embargo, en ella se observa un fenómeno muy espectacular. Se trata de una especie de grandes llamaradas que ascienden miles de kilómetros desde la superficie y que se denominan **protuberancias solares**. Estas columnas de gases se extienden por la **corona solar** y a lo largo del espacio, llegando en ocasiones hasta un millón de kilómetros de la superficie.

Las **protuberancias solares eruptivas** son de breve duración y rara vez superan los 30 minutos.

Protuberancia solar en forma de bucle.

LA CORONA SOLAR

Esta zona del Sol puede considerarse su **atmósfera exterior** y se extiende desde la **cromosfera** hasta varios millones de kilómetros por el espacio. Es una zona muy poco densa, por lo que a pesar de encontrarse a cerca de 1 millón de grados de temperatura emite muy poca **radiación**. La forma de la corona solar es variable y depende también de los **ciclos de actividad**, extendiéndose más hacia el espacio durante los años de máxima actividad.

La corona solar puede observarse durante los **eclipses totales** de Sol, cuando el disco lunar cubre por completo la superficie solar, dejando ver sólo la **fotosfera**, rodeada de un amplio halo blanquecino con aspecto de llamaradas o filamentos, que es la corona.

La corona solar emite rayos X y luz ultravioleta.

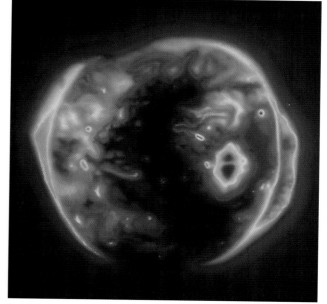

Radiografía de la **corona solar**, de la que parte el flujo de partículas.

EL VIENTO SOLAR

Se denomina **viento solar** a un flujo continuo de **partículas** que el Sol emite en todas direcciones, extendiéndose por el espacio. Es un flujo muy poco denso puesto que contiene sólo de cuatro a cinco partículas por centímetro cúbico, pero a pesar de ello, cuando llega a la Tierra, provoca perturbaciones en las **telecomunicaciones** y efectos tan espectaculares como las **auroras polares**. Además, gracias al viento solar se forman las colas visibles de los **cometas**.

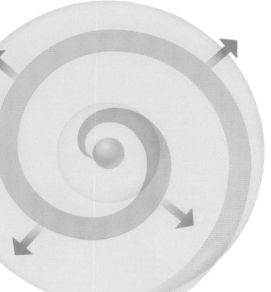

El viento solar se aleja del Sol formando una espiral debido a la rotación del astro sobre su propio eje.

VELOCIDAD

El viento solar se desplaza a unos 400 kilómetros por segundo.

El viento solar está formado principalmente por átomos de hidrógeno, átomos de helio y electrones libres.

MERCURIO

De un tamaño algo superior al de la **Luna**, este **planeta** interior es el más pequeño y el más cercano al Sol. Carece de **satélites** y su órbita es muy elíptica, estando además más inclinada que la de otros planetas con respecto al plano general (**eclíptica**). Tiene la superficie llena de **cráteres**, se alcanzan en ella temperaturas muy elevadas y carece de atmósfera.

CARACTERÍSTICAS GENERALES

Este pequeño planeta se encuentra situado tan cerca del Sol que en su superficie se alcanzan temperaturas muy altas, superiores a los 300 grados durante el día, mientras que las noches son muy frías, con menos de 150 grados bajo cero. Esto se debe a que carece de **atmósfera** y no la tiene debido a su tamaño, pues la fuerza de su **gravedad** es insuficiente para mantener una cubierta gaseosa a su alrededor como sucede en la Tierra.

La velocidad que debe alcanzar una nave para escapar de su superficie es de 4,3 km/s.

La gravedad en la superficie de Mercurio vale 0,39 veces la de la Tierra.

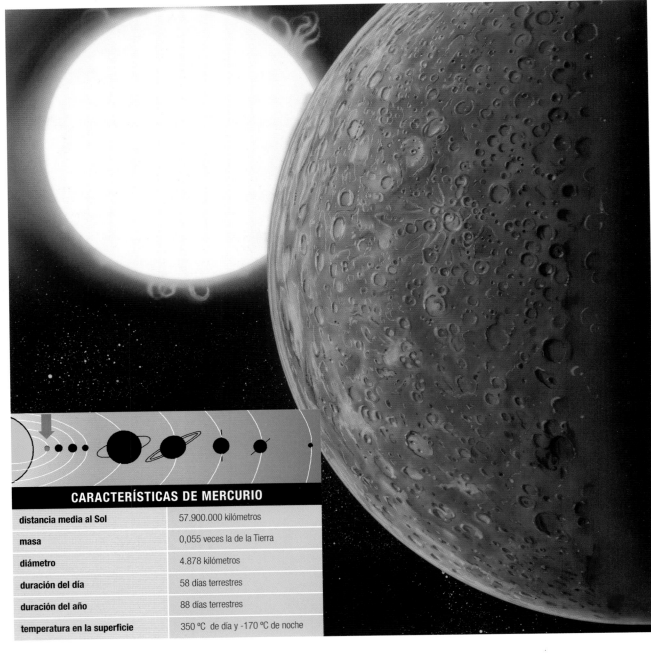

CARACTERÍSTICAS DE MERCURIO

distancia media al Sol	57.900.000 kilómetros
masa	0,055 veces la de la Tierra
diámetro	4.878 kilómetros
duración del día	58 días terrestres
duración del año	88 días terrestres
temperatura en la superficie	350 ºC de día y -170 ºC de noche

ESTRUCTURA DEL PLANETA

Es un planeta sólido formado por un **núcleo** (1) interior de metales, que está recubierto por un **manto** (2) de rocas, sobre el que se sitúa la **corteza** (3) exterior. Mercurio se formó hace unos 4.500 millones de años y debido a su pequeño tamaño pronto se solidificó. Se cree que no ha habido **actividad volcánica** en ningún momento, por lo que no ha experimentado cambios desde su nacimiento, salvo el impacto de los **meteoritos**.

→ El campo magnético de Mercurio es muy débil.

Corte mostrando el interior del planeta.

LA OBSERVACIÓN DE MERCURIO

Este pequeño planeta resulta difícil de observar desde la Tierra debido a su órbita y la proximidad al Sol. Se presenta a poca distancia sobre el horizonte durante el alba y al anochecer, por lo que queda siempre amortiguado por la luz. Los mejores momentos para verlo con ayuda de un telescopio es cuando se encuentra en las fases **creciente** o **menguante**, pues cuando está en la **fase llena** queda oculto por el Sol (al pasar por detrás) y en la **fase nueva** resulta casi invisible.

→ Al parecer, existen restos de **hielo** en las regiones polares del planeta, pero se descarta por completo la existencia **de vida**.

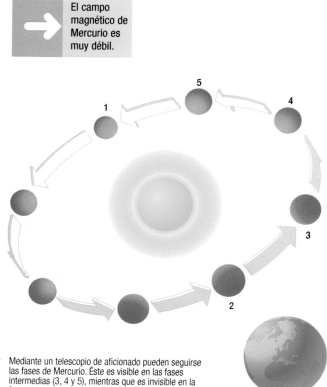

Mediante un telescopio de aficionado pueden seguirse las fases de Mercurio. Éste es visible en las fases intermedias (3, 4 y 5), mientras que es invisible en la fase nueva (2) y en la fase llena (1).

UNA SUPERFICIE LUNAR

Hasta 1974 no se supo realmente cómo era la superficie de este planeta ya que los telescopios no permitían observarla con detalle, aunque se suponía que debía ser accidentada. Ese año pasó por las cercanías la nave espacial Mariner X, que realizó numerosas fotografías y reveló que Mercurio presenta un paisaje parecido al de la Luna, con numerosos cráteres causados por el impacto de los **meteoritos** y algunas grietas, que se deben probablemente también a estos choques. El suelo es de color grisáceo.

MENUDO CRÁTER

El mayor de los cráteres de Mercurio es el llamado *Fossa Caloris*, que mide unos 1.300 kilómetros de diámetro y está rodeada de ondulaciones del terreno.

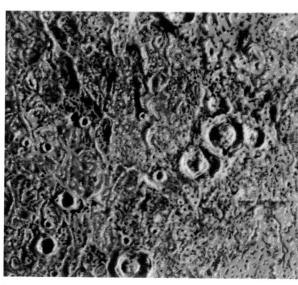

Detalle de la superficie del planeta.

VENUS

Este planeta es el más parecido a la Tierra en cuanto a sus dimensiones y es uno de los astros más brillantes que pueden observarse en el firmamento al amanecer o al atardecer. Hasta el inicio de la era espacial no se sabía casi nada de su relieve debido a la **densa atmósfera** que lo cubre. Se alcanzan temperaturas muy elevadas en su superficie. Carece de **satélites**.

CARACTERÍSTICAS GENERALES

Venus es un **planeta interior** de dimensiones y masa bastante parecidas a las de la Tierra y antes de que pudiera estudiarse su superficie se suponía que estaba cubierto de mares, pero las naves espaciales han revelado que el suelo está totalmente seco y que allí se alcanzan temperaturas de más de 400 grados, lo que impide cualquier forma de vida. Una característica notable de este planeta es que gira en sentido contrario al de los restantes del sistema solar. La razón parece ser el impacto de un gran **meteorito**. Además, es el planeta cuyo **día** es de mayor duración que el **año**.

La **gravedad** en la superficie de Venus es 0,88 la de la Tierra.

La velocidad que debe alcanzar una nave para escapar de su superficie es de 10,4 km/s.

CARACTERÍSTICAS DE VENUS

distancia media al Sol	108.000.000 kilómetros
masa	0,81 veces la de la Tierra
diámetro	12.102 kilómetros
duración del día	243 días terrestres
duración del año	225 días terrestres
temperatura en la superficie	480 ºC

ESTRUCTURA DEL PLANETA

Venus es un planeta sólido, formado por un **núcleo** (1) interior de naturaleza metálica, rodeado de un **manto** (2) rocoso muy grueso y una **corteza** (3) delgada. Las **sondas espaciales** que han logrado posarse sobre su superficie han mostrado un paisaje con grandes llanuras, valles profundos y **montañas** de más de 10.000 metros de altura. Las grandes depresiones parecen ser los restos de **mares** que debieron existir antes de que se formara la densa **atmósfera** actual.

 En Venus existen volcanes activos.

Las nubes de Venus se mueven a gran velocidad, produciendo gigantescos huracanes a esa altura.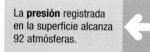

La **presión** registrada en la superficie alcanza 92 atmósferas.

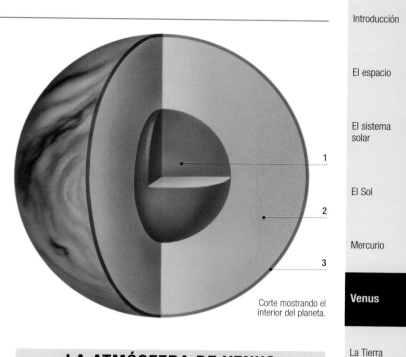

Corte mostrando el interior del planeta.

LA EXPLORACIÓN DE VENUS

La primera nave que se posó sobre su superficie fue la rusa *Venera 7* en 1970. El *Mariner X* fotografió la superficie de Mercurio y la atmósfera de Venus en 1973. En 1978 la nave *Pioneer Venus* lanzó con paracaídas una sonda al pasar sobre el planeta. En 1992, la sonda *Magallanes* cartografió su superficie. Todas estas naves nos han permitido conocer el paisaje que se oculta debajo de la atmósfera del planeta, que fue siempre una barrera infranqueable.

LA ATMÓSFERA DE VENUS

La capa atmosférica de este planeta está formada en su mayor parte por **anhídrido carbónico**, junto con algunos otros elementos y compuestos químicos. Por encima de la superficie, entre los 50 y los 70 kilómetros de altura, se extiende una densa capa de **nubes** que rodea por completo al planeta. En ella tienen lugar intensas **tormentas eléctricas**. Esta capa nubosa actúa como pantalla y provoca un considerable **"efecto invernadero"**, es decir, que impide que el calor escape. Esto explica que en la superficie se alcancen hasta 480 grados de temperatura, lo que hace imposible la existencia de **vida**.

La **atmósfera** de Venus consta de un 96 % de **anhídrido carbónico** y el resto lo forman **nitrógeno**, **vapor de agua**, **anhídrido sulfuroso** y cantidades menores de otros compuestos químicos.

POCO VIENTO

En la superficie del planeta los vientos son débiles y al no existir nubes se pueden contemplar sin problemas las cumbres de las montañas.

La sonda rusa *Venera 7* sobre la superficie de Venus.

LA TIERRA: UN PLANETA ESPECIAL

De todos los planetas que forman el **sistema solar**, la Tierra es el único que alberga **vida**. Se trata de un planeta en cuya superficie las temperaturas se mantienen moderadas gracias a la existencia de **agua** y la presencia de una **atmósfera**. La **corteza** mantiene una gran actividad geológica y está en constante proceso de formación. La Tierra dispone de un único **satélite** (la Luna).

CARACTERÍSTICAS GENERALES

Al ser el planeta que habitamos es el que se utiliza como referencia para el estudio de los restantes astros. Por ese motivo, muchas de las características de los planetas se miden por comparación con la Tierra, como sucede con la **masa**, la **gravedad** o la duración de los períodos de **rotación**. A pesar de ser nuestro hogar existen todavía muchos aspectos del planeta que se desconocen. Desde finales del siglo XX, las **naves** y **estaciones espaciales** han permitido estudiarlo desde el exterior y resolver algunas de las incógnitas existentes.

La **gravedad** en la superficie de la Tierra vale 9,81 m/s².

La velocidad que debe alcanzar una nave para escapar de su superficie es de 11,2 km/s.

La Tierra vista desde la Luna.

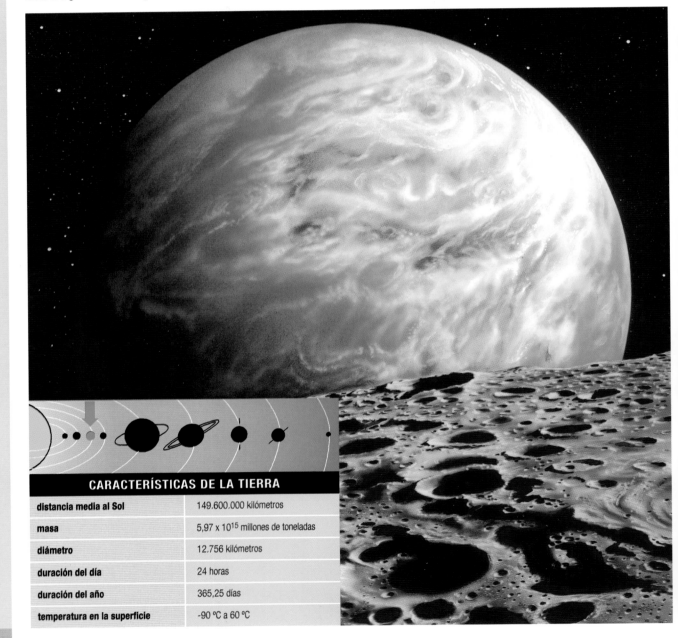

CARACTERÍSTICAS DE LA TIERRA	
distancia media al Sol	149.600.000 kilómetros
masa	5,97 x 10¹⁵ millones de toneladas
diámetro	12.756 kilómetros
duración del día	24 horas
duración del año	365,25 días
temperatura en la superficie	-90 ºC a 60 ºC

ORIGEN DE LA TIERRA

Nuestro planeta se formó al mismo tiempo que el Sol, cuando la gran masa de materia resultante de la explosión de una estrella anterior (una **supernova**) comenzó a condensarse. La mayor parte de esa masa dio lugar al **Sol**, pero del resto surgieron los planetas cuando unos grupos de rocas mayores atrajeron el polvo y los materiales más pequeños que había a su alrededor. El proceso duró unos 100 millones de años. El **planeta** recién formado se calentó mucho a causa de la desintegración de los materiales radiactivos que contenía y se fundió. Entonces comenzó un proceso de enfriamiento de las capas exteriores, que acabaron por solidificarse dando lugar a la **corteza**.

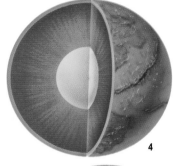

La Tierra recién formada carecía de atmósfera y sufrió numerosos impactos de fragmentos rocosos que contribuyeron a su calentamiento.

Cuatro fases de la formación de la Tierra: el bombardeo de meteoritos (1) la calentó hasta fundirla (2), mientras los elementos más pesados se hundieron (3) formando en el interior un núcleo central (4).

Cuando el Sol sea una gigante roja, su mayor proximidad atraerá los gases que forman la atmósfera terrestre, dejando a la Tierra desprovista de ella.

EL FINAL DE LA TIERRA

El destino de nuestro planeta depende del desarrollo del **Sol**. Cuando esta estrella consuma todas sus reservas de **hidrógeno** y **helio**, se transformará en una gigante roja, aumentando entonces considerablemente su tamaño. Los planetas más cercanos como Mercurio y Venus quedarán engullidos dentro de la enorme masa solar y el calor será tan intenso en nuestro planeta, que desaparecerá toda forma de vida. La superficie terrestre se transformará en un desierto, con las cuencas oceánicas totalmente vacías y un paisaje similar al que podemos contemplar hoy en Marte.

DEPENDIENDO DEL SOL

Como el Sol tiene todavía reservas suficientes para otros cinco mil millones de años, a nuestro planeta todavía la queda ese tiempo de vida.

LA TIERRA: CONSTITUCIÓN

La Tierra es uno de los **planetas sólidos** y consta de varias capas de distinta naturaleza que rodean un núcleo incandescente. La **corteza** constituye la última y más exterior de esas capas y es, además, sobre la que se desarrolla la vida. La corteza no es una estructura estática sino que se encuentra en constante movimiento y muestra numerosos fenómenos (vulcanismo, sismos, etc.).

UN CORTE A TRAVÉS DEL PLANETA

Nuestro planeta forma parte del grupo de los planetas sólidos (Mercurio, Venus, La Tierra y Marte), de pequeñas dimensiones comparados con los planetas gigantes (Júpiter, Saturno, Urano, Neptuno) que son gaseosos. La parte más interna de la Tierra es el **núcleo**, que está formado principalmente por **hierro** y **níquel** y que consta de una parte central sólida (1) y otra exterior líquida (2). Le sigue el **manto** (3), que es sólido en su parte más profunda, pero después se vuelve viscoso, y por último está la **corteza** (4), llamada **litosfera**, que es la capa más delgada y que es de material sólido.

Por encima de la corteza se encuentran los mares y océanos (que forman la **hidrosfera**) y la **atmósfera**, que es el aire que respiramos.

El núcleo tiene un radio de 3.500 kilómetros y se denomina también **siderosfera**.

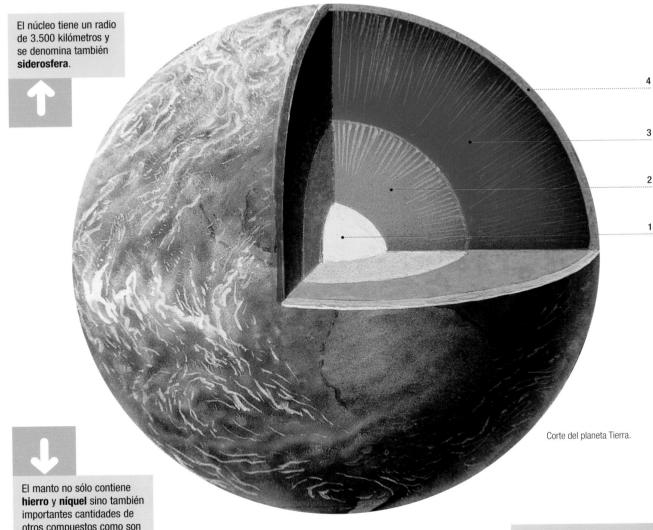

Corte del planeta Tierra.

El manto no sólo contiene **hierro** y **níquel** sino también importantes cantidades de otros compuestos como son los silicatos.

El manto tiene un espesor de unos 2.500 kilómetros y la parte fluida ocupa los 200 kilómetros más superficiales, cerca de la corteza.

SIMA Y SIAL

La corteza tiene un espesor de unos 70 kilómetros. La parte más profunda se llama **sima** y sobre ella se dispone el **sial** (recibe este nombre porque contiene gran cantidad de aluminio).

Se conoce relativamente poco del interior de la Tierra. Sólo se ha llegado a una profundidad de unos 15 kilómetros.

LA CORTEZA TERRESTRE

La capa más externa de nuestro planeta no es uniforme sino que presenta un espesor variable. Es más delgada en el fondo de los océanos y más gruesa en los continentes, pero esta diferencia se compensa con la densidad: en las zonas más delgadas los materiales son más densos que en las zonas de mayor espesor. De esta manera se mantiene en equilibrio, pues toda la corteza pesa aproximadamente lo mismo en todos los lugares.

La distribución de los materiales ligeros en las capas gruesas y los densos en las delgadas constituye la **isostasia**.

La corteza terrestre es mucho más delgada en el fondo de los océanos (1) que en los continentes (2), y las placas de corteza que contienen los continentes flotan sobre el manto (3).

LA ACTIVIDAD DE LA CORTEZA

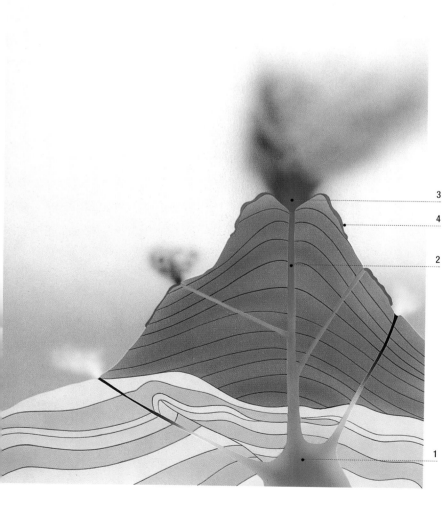

En los lugares donde el material incandescente del manto terrestre encuentra un punto de salida a través de la corteza se forma un **volcán**. La **lava** sale por la boca del **cráter** y acaba por enfriarse en la superficie y se transforma en una roca muy ligera, la **piedra pómez**.

Además, los continentes, que flotan encima del manto, se desplazan lentamente cambiando de posición. Así, América y Europa se están separando desde hace millones de años, por lo que el océano **Atlántico** es cada vez más ancho.

Cuando la roca fundida o magma (1) asciende hacia la superficie (2) por un cráter, da lugar a un volcán (3) debido a las sucesivas capas (4) de lava enfriadas.

Las zonas donde hay mayor cantidad de volcanes son también las zonas donde se producen más terremotos.

DERIVA CONTINENTAL

El movimiento de los continentes se llama **deriva continental**. Hay zonas de los continentes que se elevan mientras que otras se hunden por el empuje de las masas continentales.

LA TIERRA: EL PLANETA AZUL

Los astronautas siempre han descrito a la Tierra como el planeta azul debido a su color. Los responsables de esta tonalidad son los océanos y los gases de la atmósfera, es decir, los dos componentes externos a la corteza y en los que es posible el desarrollo de la vida. Tanto la cubierta de agua como la de aire son únicas en todo el sistema solar.

LA HIDROSFERA

Se llama **hidrosfera** al conjunto de todo el **agua** que existe sobre la superficie de nuestro planeta, es decir, los **océanos** y mares, los ríos, lagos, marismas, los glaciares, los polos, etc. Se formó a partir del **vapor** producido en las **erupciones volcánicas** a lo largo de millones de años, cuando eran mucho más frecuentes que en la actualidad. Ese vapor se condensó en forma de nubes, que después provocaban lluvia. La mayor parte del agua se encuentra en los océanos, que cubren casi las tres cuartas partes de la superficie total de la Tierra.

MUCHA AGUA SALADA

En la Tierra hay 1.385.984.610 kilómetros cúbicos de agua. El 96,54 % del total del agua del planeta es el agua salada de los mares.

La vida tal como la conocemos sólo puede desarrollarse en los planetas donde exista agua en forma líquida.

En algunos otros planetas existe agua, pero sólo en forma de hielo.

La Tierra vista desde el espacio destaca por el color azul que presenta debido a los mares y la atmósfera.

LOS MARES Y LOS OCÉANOS

Las depresiones comprendidas entre los continentes forman los **océanos**, cada uno de los cuales tienen áreas más pequeñas que son los **mares**. Hay tres grandes océanos: **Atlántico**, **Pacífico** e **Índico**. El fondo oceánico no es liso sino que está recorrido por grandes cordilleras. Algunas cumbres sobresalen por encima de la superficie del agua y forman las **islas oceánicas**, como las Canarias o las Azores. En todos los océanos existen grandes **corrientes**, unas frías y otras cálidas, que tienen mucha importancia para el clima de las regiones que bañan. El agua ayuda a amortiguar las diferencias de **temperatura** entre las horas del día y las distintas épocas del año.

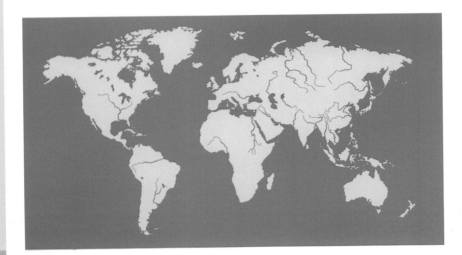

En el **hemisferio norte**, los mares ocupan unos 154 millones de kilómetros cuadrados y las tierras emergidas unos 100 millones de kilómetros cuadrados.

En el **hemisferio sur**, los mares ocupan unos 206 millones de kilómetros cuadrados y las tierras emergidas unos 48 millones de kilómetros cuadrados.

LA ATMÓSFERA

Inicialmente el planeta tenía una **atmósfera** distinta de la actual. Cuando las erupciones volcánicas emitieron **vapor de agua** y éste se depositó en forma de lluvia, las zonas más bajas del planeta se fueron rellenando de agua, formándose los océanos. Allí surgieron las primeras **plantas**, que comenzaron a fabricar **oxígeno**, desprendiéndolo y transformando la atmósfera inicial irrespirable, en la actual rica en oxígeno.

UN MEDIO EN CONSTANTE CAMBIO

Los mapas meteorológicos nos muestran los cambios constantes que presenta la **atmósfera**. Los frentes de nubes aparecen arrastrados por los vientos, haciendo que llueva o haga sol y aumentando o descendiendo las temperaturas. Pero eso sólo sucede en las capas inferiores, que son las que nos afectan más directamente. A medida que se asciende en altura, disminuyen la cantidad de **oxígeno** y la **temperatura**.

CAPAS DE LA ATMÓSFERA

Desde el suelo, la atmósfera tiene varias capas: hasta los 10 km de altura la **troposfera**, que es donde podemos vivir; hasta los 100 km de altura están la **estratosfera** y la **mesosfera** y desde ahí hasta los 1.000 km la zona donde se producen las auroras boreales (**termosfera** y **exosfera**). La zona más exterior se prolonga hasta casi 10.000 km y en ella existe un cinturón de radiaciones (la **magnetosfera**).

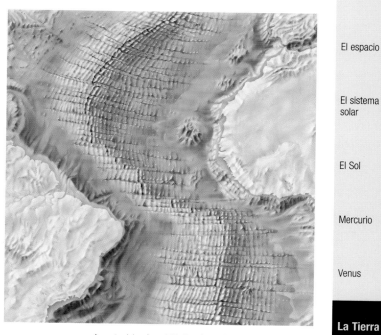

Aspecto del océano Atlántico si estuviera desprovisto de agua.

La atmósfera actúa como escudo protector contra las radiaciones letales y contra los meteoritos.

La capa protectora de **ozono** se encuentra a unos 40 kilómetros de altura.

LA TIERRA EN MOVIMIENTO

La Tierra está en constante movimiento. Se desplaza junto con los restantes planetas y el Sol por nuestra galaxia, pero es algo que no nos afecta en nuestra vida cotidiana. Más importante para nosotros es el hecho de que gira alrededor de su eje, originando el día y la noche, y que gira alrededor del Sol, dando lugar a las estaciones en las latitudes medias.

LA ROTACIÓN ALREDEDOR DEL EJE

Si miramos el cielo nocturno durante varias horas, veremos que las estrellas se mueven alrededor de un punto fijo, que en el hemisferio norte es la **estrella Polar**. Después amanecerá y más tarde lucirá el sol. Todo esto es consecuencia de que la Tierra gira alrededor de su eje.

Las **constelaciones** de estrellas varían a lo largo del año porque además de girar sobre su propio eje, la Tierra se mueve alrededor del **Sol**. Cada doce meses tendremos sobre el cielo las mismas constelaciones.

Haciendo una fotografía del cielo nocturno con exposición muy larga, obtendremos esta imagen. Cada línea es la que deja una estrella u otro astro al moverse alrededor del punto de giro.

La velocidad de giro de un punto situado en el ecuador es de 1.665 km/h.

EL DÍA

Una unidad de tiempo básica es el **día**. Es el tiempo que tarda la Tierra en girar alrededor de su propio eje, haciendo que un espectador situado en un determinado punto vea en el firmamento una serie de astros distintos hasta que se repiten. Como una vuelta completa es igual a 360 grados, cada hora el planeta se desplaza 15 grados.

¿ESTAMOS QUIETOS?

No percibimos el movimiento de giro de la Tierra sobre su eje ni alrededor del Sol porque nos desplazamos a la misma velocidad. Sucede lo mismo que si viajamos en coche o en avión. Sólo percibimos la velocidad si miramos por la ventanilla.

En las regiones cercanas a los polos, hay varios meses en que sólo es de noche y otros en que sólo es de día. Esto se debe al ángulo de inclinación del eje de giro de la Tierra.

La velocidad de giro de un punto situado en el polo (por donde pasa el eje de giro) es de 0 km/h.

La trayectoria del Sol sobre el horizonte varía cada día del año.

LAS ESTACIONES

El fenómeno de las **estaciones** consiste en los cambios que se producen en la duración del día y en la inclinación de los rayos solares en distintas épocas del año en muchas partes del planeta, excepto en las regiones ecuatoriales. El resultado son días más cortos y temperaturas más bajas en una época del año, llamada **invierno**, y otros más largos y temperaturas más elevadas en otra época, el llamado **verano**. Este efecto se debe a que el **eje de giro** de la Tierra está inclinado 23 grados con respecto al plano en el que se mueve alrededor del Sol.

En **invierno**, el Sol discurre por el firmamento a menor altura y durante menos tiempo, por lo que calienta menos.

En **verano**, el Sol discurre por el firmamento a mayor altura y durante más tiempo, por lo que calienta más.

SOLSTICIOS Y EQUINOCCIOS

Los **solsticios** tienen lugar alrededor del 22 o 23 de diciembre (de invierno en el hemisferio sur y de verano en el norte) y alrededor del 22 o 23 de junio (de verano en el hemisferio norte y de invierno en el sur).

Los **equinoccios** tienen lugar alrededor del 21 o 22 de marzo (de primavera en el hemisferio norte y de otoño en el sur) y alrededor del 21 o 22 de septiembre (de otoño en el hemisferio norte y de primavera en el sur).

Cuando la inclinación del eje de la Tierra hace que el hemisferio norte esté orientado hacia el Sol, es **verano** en ese hemisferio e invierno en el hemisferio sur. El momento en que la orientación es máxima se llama **solsticio**, de verano en el hemisferio norte y de invierno en el sur. En el punto opuesto de la órbita se repite la situación, pero al revés, será el solsticio de invierno en el hemisferio norte y el de verano en el sur.

Las posiciones intermedias se denominan **equinoccios**, que serán de otoño o de primavera dependiendo del hemisferio. En los equinoccios la duración del día y de la noche es la misma, pero desde esa fecha comienzan a aumentar (si es el **equinoccio de primavera**) o disminuir (si es el **equinoccio de otoño**).

En su órbita alrededor del sol, el eje de la Tierra apunta siempre hacia la misma dirección, la de la estrella Polar.

EL ESPACIO EXTERIOR Y LA TIERRA

La Tierra no es un planeta aislado en el espacio sino que sufre la influencia de los restantes astros, principalmente del Sol. Esta estrella emite un gran número de radiaciones que llegan a nuestro planeta en formas muy diversas, tales como ondas de radio, luz visible, calor, etc. También la Luna ejerce influencia en forma de las mareas.

IMPACTOS DE METEORITOS

Los **meteoritos** son fragmentos de roca procedentes del espacio que llegan hasta nuestro planeta a gran velocidad. La mayoría son de pequeño tamaño y al pasar por la atmósfera se queman por completo, convirtiéndose en gases. Hay algunos que tienen el tamaño suficiente para que una pequeña porción sólida llegue hasta la superficie. Quedan entonces hundidos en el suelo y sólo se encuentran de modo accidental. Sin embargo, otros tienen dimensiones lo bastante grandes como para provocar un socavón parecido a los **cráteres** de la Luna.

Un meteorito es un trozo de roca que llega del espacio. Aquí se ve el impacto de uno sobre el suelo y el **cráter** que provoca.

EFECTO DE LOS METEORITOS

Cráter en el desierto de Arizona, provocado por un gran meteorito.

La mayoría de los impactos de meteoritos pasan desapercibidos. Sólo algunos tienen un gran efecto sobre el planeta. Uno de los mayores cráteres que se conserva es el encontrado en el desierto de **Arizona** (Estados Unidos). Una de las teorías sobre la desaparición de los **dinosaurios** afirma que fue un gigantesco meteorito que chocó contra el suelo el responsable del desastre. Provocó una enorme nube que duró varios años, oscureciendo el cielo y haciendo bajar tanto las temperaturas que desaparecieron la mayoría de las plantas y con ellas estos gigantescos reptiles.

LAS MAREAS

La **fuerza de la gravedad** de la **Luna** es la principal causante de las subidas y bajadas periódicas del nivel del mar. La Luna atrae hacia sí la masa de agua dirigida hacia ella, haciendo que en esa parte del planeta se produzca una **marea alta**, y en la parte opuesta una **marea baja**. Cuando además la Luna y el Sol están alineados, se suma la atracción de ambos y entonces se producen mareas de mayor intensidad, llamadas **mareas vivas**.

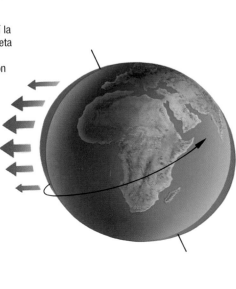

EL VIENTO SOLAR

El flujo de protones y electrones que procede del Sol provoca grandes alteraciones sobre las comunicaciones de radio y televisión en los momentos de máxima intensidad. Cada 10 u 11 años la actividad solar es máxima y entonces se producen tormentas electromagnéticas que pueden interrumpir momentáneamente todas las telecomunicaciones. Estas **tormentas electromagnéticas** también afectan a la meteorología.

Polo norte magnético

Polo norte geográfico

cinturones de Van Allen

 Los cinturones de Van Allen son zonas donde quedan retenidas las partículas del viento solar debido al campo magnético terrestre.

La magnetosfera es la porción del campo magnético terrestre que se extiende hacia el espacio.

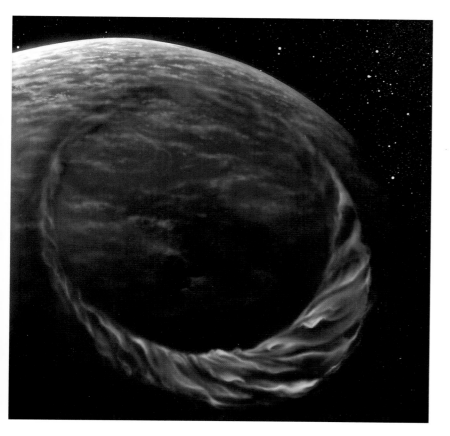

AURORAS POLARES

Este fenómeno es uno de los más vistosos causados por la llegada de partículas cargadas a la atmósfera terrestre, aunque sólo puede observarse en las cercanías de las regiones polares. Dado que el hombre habita en el hemisferio norte en latitudes cercanas al polo, este fenómeno se conoce como **aurora boreal**, aunque se produce también en la Antártida. Tienen lugar cuando el viento solar llega hasta la atmósfera y los electrones y protones comienzan a emitir luz de vistosos colores.

Desde el espacio, una aurora polar aparece como un círculo de luz alrededor del polo.

MARAVILLOSO ESPECTÁCULO

Para el observador desde el suelo, las auroras polares son grandes cortinas de luces de colores más o menos vistosos, que se mueven en el cielo.

LA LUNA: EL SATÉLITE Y SU CONQUISTA

Nuestro satélite es uno de los principales astros que recorren el firmamento terrestre, que además influye con su gravedad sobre nuestros océanos. Es un satélite **sólido**, relativamente grande y que gira a nuestro alrededor de modo cíclico dejando siempre una parte de su superficie no visible desde la Tierra. Es también el primer astro al que ha llegado el hombre.

CARACTERÍSTICAS GENERALES

Nuestro satélite presenta unas características muy distintas a las de la Tierra. Debido a su reducido tamaño, la **fuerza de gravedad** es insuficiente para retener una **atmósfera**, por lo que carece de capa protectora y su superficie es constantemente bombardeada por **meteoritos** de todos los tamaños. Esto le confiere su aspecto característico, lleno de **cráteres** de muy diversos tamaños y grandes **llanuras**.

La **gravedad** en la superficie de la Luna vale 0,166 la terrestre.

La velocidad que debe alcanzar una nave para escapar de su superficie es de 2,38 km/s.

CARACTERÍSTICAS DE LA LUNA	
distancia máxima de la Tierra	405.500 kilómetros
distancia mínima de la Tierra	363.300 kilómetros
masa	0,0123 veces la de la Tierra
diámetro	3.476 kilómetros
densidad	0,62 la de la Tierra
temperatura en la superficie	130 ºC de día y -180 ºC de noche

ESTRUCTURA

Dado que la **densidad** de la Luna es de 3,42 con respecto al agua (la de la Tierra es 5,52) la parte interior de materiales pesados debe ser relativamente pequeña. Estos materiales, principalmente **hierro**, forman el **núcleo** (1). Aparece rodeado de un **manto** (2) de rocas fundidas, de manera parecida a la Tierra, y sobre él se encuentra la **corteza**. Por encima de ésta se extiende una capa de residuos en forma de polvo y rocas.

Aquí se muestran algunas de las rocas traídas por los astronautas que han explorado la superficie lunar.

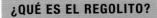

Corte mostrando el interior del planeta.

1

2

3

¿QUÉ ES EL REGOLITO?

La capa de polvo y roca de la superficie lunar se llama **regolito**.

Una persona de 70 kilos pesa en la Luna sólo 11,6 kilos debido a la baja gravedad lunar.

La capa de polvo que recubre la superficie lunar se debe al choque de los meteoritos procedentes del espacio.

La Luna cuando se formó.

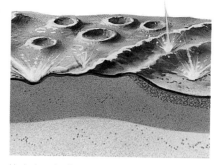
Lluvia de meteoritos.

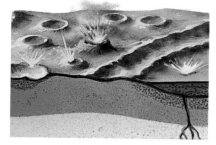
Intensa actividad volcánica hace 3.000 millones de años.

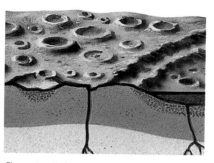
El aspecto actual.

EVOLUCIÓN

Hay tres teorías sobre el origen de la Luna: 1) al pasar cerca de la Tierra, la Luna quedó capturada y fijada en órbita; 2) los dos astros nacieron de la misma masa de materia original que giraba alrededor del Sol; 3) la Luna surgió de un abultamiento de la Tierra, que se desprendió por la fuerza centrífuga.

Actualmente se admite una nueva teoría que es una mezcla de esas tres: cuando se estaba formando, la Tierra chocó con un gran cuerpo espacial y, a consecuencia de ello, una parte de su masa salió expulsada y se aglutinó formando nuestro satélite. Esta teoría explica las diferencias de composición entre la Tierra y la Luna.

La Luna en cuarto menguante tiene iluminada la parte izquierda, formando una "D".

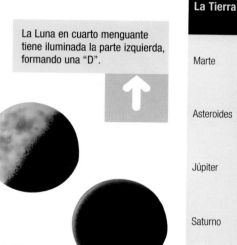

La Luna en cuarto creciente tiene iluminada la parte derecha, formando una "C".

Aspecto de la Luna en sus cuatro fases.

LAS FASES DE LA LUNA

La Luna se mueve alrededor de la Tierra en el mismo sentido de giro que nuestro planeta. Tarda en completar la **rotación** unos 29 días, quedando o no iluminada por el Sol en cada una de las posiciones de su órbita. Cuando la cara visible está iluminada por el Sol decimos que es la **fase de luna llena**, mientras que cuando el Sol ilumina la cara no visible, decimos que está en fase de luna nueva. Las fases de **cuarto menguante** y **cuarto creciente** es cuando sólo se ve la mitad de la superficie.

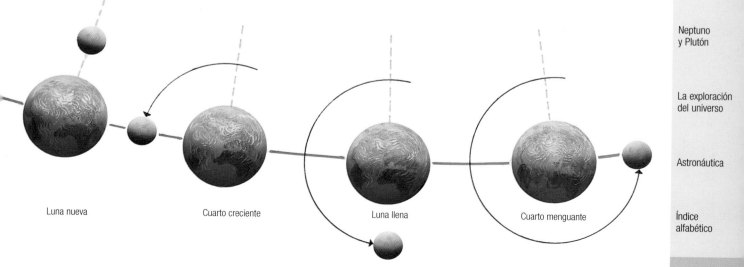

Luna nueva

Cuarto creciente

Luna llena

Cuarto menguante

LA LUNA: GEOGRAFÍA

La superficie de nuestro satélite vista desde la Tierra con unos simples prismáticos nos muestra un paisaje de manchas claras y oscuras y los perfiles de los cráteres. Dado que el día lunar dura lo mismo que el terrestre, siempre observamos la misma cara. Los satélites artificiales han permitido explorar la cara oculta, que también está formada por mares y cráteres.

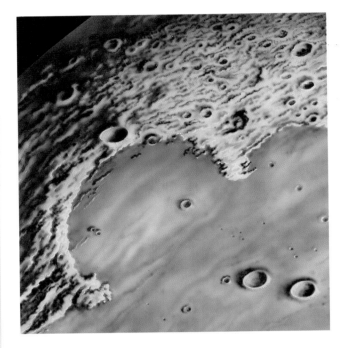

LOS MARES DE LA LUNA

Se trata de grandes extensiones que aparecen de color más oscuro que el resto y que antiguamente se creía que eran lugares donde existieron mares. Se trata en realidad de la cavidad dejada por primitivos impactos de grandes **meteoritos**, que durante la fase de intensa actividad volcánica de la Luna quedaron recubiertas de una gruesa capa de lava.

TRANQUILIDAD

Los primeros astronautas que pisaron la Luna lo hicieron en el Mar de la **Tranquilidad**.

Algunos de los mares más famosos de la Luna son:
el de la **Tranquilidad**,
el de la **Serenidad**,
el de las **Lluvias**,
el de las **Crisis** o
el del **Frío**.

LOS CRÁTERES

Hay numerosos **cráteres** que cubren toda la superficie lunar y que se deben a los impactos de los **meteoritos** que chocan con toda su fuerza, ya que al no existir una atmósfera protectora no se volatilizan o frenan su caída. Su tamaño varía entre unos pocos centímetros, o menos, y hasta 200 kilómetros de diámetro. Muchos de estos cráteres tienen una pequeña elevación, o un pico, en su parte central. También los **volcanes** lunares han provocado algunos cráteres, pero no llevan nunca un pico en su parte central.

Uno de los mayores circos lunares es el de **Clavius**, de 233 kilómetros de diámetro.

SIEMPRE CON LA MISMA CARA

Como la Luna tarda lo mismo en completar un giro alrededor de su propio eje que un giro completo alrededor de la Tierra, siempre muestra la misma cara hacia nuestro planeta.

Introducción

El espacio

El sistema
solar

El Sol

Mercurio

Venus

La Tierra

Marte

Asteroides

Júpiter

Saturno

Urano

Neptuno
y Plutón

La exploración
del universo

Astronáutica

Índice
alfabético

LA CARA VISIBLE
DE LA LUNA

Los mares ocupan aproximadamente el
40 por ciento de la superficie visible. El resto
lo forman los cráteres, las cadenas
montañosas y los valles, así como algunas
otras estructuras, en forma de estrella, que se
deben al impacto del material proyectado en
el choque de un meteorito. El relieve lunar es
muy accidentado, pues algunas montañas
puede elevarse hasta 8.000 metros.

Cuando mejor se observa
el relieve lunar con unos
prismáticos o un pequeño
telescopio es en las fases
creciente y menguante.

Debido a las pequeñas irregularidades
de las órbitas, desde la Tierra es posible
observar un 60 por ciento de la superficie
lunar, es decir, algo más de lo que
correspondería sólo a una cara.

LA CARA OCULTA
DE LA LUNA

La estructura de esta cara es similar a la
visible, pero su geografía es muy distinta,
pues está formada casi exclusivamente por
cráteres y los únicos **mares** existentes se
encuentran situados en la zona próxima a la
que llamamos la cara visible. Además, el
espesor de la corteza en esta cara es superior
al de la otra.

FOTOS INDISCRETAS

Las primeras imágenes de la cara
oculta de la Luna se obtuvieron en
1959 gracias a las fotografías enviadas
por la sonda espacial soviética *Luna 3*.

En la Luna se producen
terremotos que se han podido
registrar.

MARTE

Este planeta, gracias a su color rojizo, es uno de los más llamativos. Es de dimensiones menores que la Tierra, tiene en su superficie grandes llanuras rocosas y arenosas, con montañas y pequeños cráteres.

Posee una **atmósfera** muy tenue y en las regiones polares existen amplias extensiones de **hielo**, que varían con las estaciones del año. El planeta posee dos pequeños **satélites**.

CARACTERÍSTICAS GENERALES

El planeta Marte, cuyo radio mide la mitad del terrestre, se caracteriza por el intenso color rojo de su superficie, formada por **óxidos metálicos**, y por las manchas blancas de **hielo** que se extienden en las regiones polares. Debido a que su eje de giro presenta una inclinación similar al que tiene la Tierra, el planeta tiene varias **estaciones** diferenciables a lo largo del año.

La superficie de Marte, visitada por la sonda *Viking*.

CARACTERÍSTICAS DE MARTE	
distancia media al Sol	228.000.000 kilómetros
masa	0,107 la de la Tierra
diámetro	6.786 kilómetros
duración del día	24,5 horas
duración del año	1,88 años terrestres
temperatura en la superficie	de 20 ºC a -140 ºC

ESTRUCTURA DEL PLANETA

Marte es un planeta sólido formado por un **núcleo** (1) metálico, rodeado de un **manto** (2) rocoso y que finaliza en la **corteza exterior** (3). El relieve se caracteriza por su variedad. Hay grandes extensiones desérticas cubiertas de arena rojiza y rocas, así como grandes **montañas** varias veces más altas que el Everest, valles tectónicos de grandes dimensiones, **cráteres** volcánicos y algunos más pequeños causados por el impacto de los meteoritos.

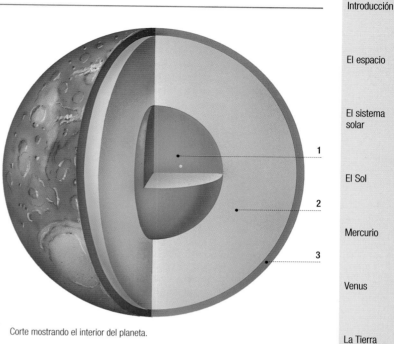

El **monte Olimpo** es un antiguo volcán y es la cumbre más alta conocida de Marte. Tiene una altura de unos 25.000 metros.

Corte mostrando el interior del planeta.

La gravedad en la superficie de Marte es 0,38 la de la Tierra, y la velocidad que debe alcanzar una nave para escapar de su superficie es de 5 km/s

LAS TORMENTAS

Una de las características de este planeta son las grandes **tormentas** que se producen y que arrastran enormes cantidades de polvo. Sin embargo, dado que la **atmósfera** es muy tenue, ese polvo no tarda mucho tiempo en depositarse de nuevo sobre la superficie. Ésta parece ser la explicación de los **"canales"** que observaron los antiguos astrónomos y que muchos suponían una obra creada por los hipotéticos habitantes del planeta.

Las fuertes tormentas de polvo son las responsables de la erosión de la superficie marciana.

LOS SATÉLITES DE MARTE

Son dos pequeñas lunas descubiertas en el año 1877, que recibieron los nombres de **Fobos** y **Deimos**, que es como se llamaban los caballos que tiraban del carro de Marte, el dios griego de la guerra. Se mueven lentamente sobre el firmamento marciano con un brillo similar al de una estrella. Tienen forma irregular y se supone que son dos **asteroides** capturados por la **fuerza de gravedad** del planeta. Sólo pueden observarse con ayuda de un telescopio potente.

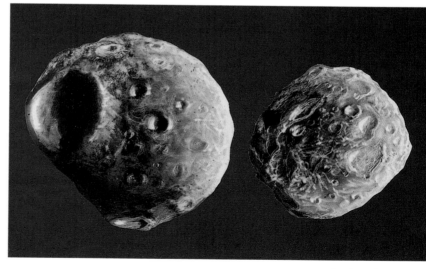

Los dos satélites de Marte.

ATMÓSFERA POBRE

El hielo de los casquetes polares está formado por agua y anhídrido carbónico; éste, además, es el principal componente de la tenue **atmósfera** del planeta.

Fobos mide 27 kilómetros de diámetro, tiene un cráter de 10 kilómetros de diámetro y se encuentra a 9.400 kilómetros de la superficie de Marte. Tarda en completar su órbita 7 horas y 39 minutos.

Deimos mide 16 kilómetros de diámetro y se encuentra a unos 23.000 kilómetros de la superficie de Marte. Tarda en completar su órbita 30 horas.

MARTE: ¿UN PLANETA HABITABLE?

LOS MARCIANOS

Schiaparelli, un astrónomo italiano, descubrió en 1877 unas largas líneas oscuras sobre la superficie del planeta y les dio el nombre de **canales**. Comenzó entonces a especularse sobre el origen de estas estructuras y muchos aventuraron que podrían ser realmente canales artificiales construidos por los **marcianos**. La hipótesis consiguió gran popularidad y hubo mucha gente que creyó que en ese planeta debería existir vida o que habría existido con anterioridad. Éste fue el origen de la creencia en los marcianos, o habitantes de Marte.

Hasta que las **sondas espaciales** no han demostrado que no existe **vida** actual en el planeta, los marcianos han sido un tema favorito de las novelas y películas de ciencia ficción.

La guerra de los mundos (1898), del escritor británico **H.G. Wells**, es una de las novelas de ciencia ficción más famosas, que relata la invasión de la Tierra por parte de los marcianos.

El cine ha fantaseado en numerosas ocasiones el aspecto de los inexistentes marcianos. En la imagen, una escena de la película estadounidense *Mars attack!*

¿UNA COLONIA EN MARTE?

De todos los planetas del sistema solar, el que reúne las mejores condiciones para una posible colonia humana sería Marte. No obstante, requeriría muchos esfuerzos, pues, entre otras cosas, carece de una **atmósfera** respirable. Sin embargo, las naves de exploración que han analizado su superficie indican que existe una gran cantidad de oxígeno, aunque no en el aire sino fijado químicamente a los compuestos del suelo, pero que podría aprovecharse. También se han encontrado restos de antiguos cauces de ríos, por lo que en el pasado pudo existir vida.

La creación de una **colonia** terrestre en Marte requerirá el desarrollo de cohetes muy potentes y probablemente se realizará por etapas, aprovechando las estaciones espaciales como etapas intermedias para transportar hasta allí los materiales necesarios para crear una base permanente.

Se cree que la mayor parte del **agua** que existió en Marte permanece congelada en el subsuelo.

A pesar de ser muy tenue, la atmósfera marciana hace que la temperatura de su superficie no supere los 20 ºC.

METEORITO

En un **meteorito** procedente de Marte se han encontrado compuestos químicos orgánicos y estructuras parecidas a las de los **microfósiles**.

CINTURÓN DE ASTEROIDES

Entre Marte y Júpiter existe una franja de aproximadamente 550 millones de kilómetros de anchura por la que se desplazan infinidad de pequeños cuerpos celestes, rocas de distintos tamaños y fragmentos más pequeños, que reciben en conjunto el nombre de asteroides.

EL PLANETA FANTASMA

Hasta el siglo XIX no se descubrió la existencia de los **asteroides**, pero los cálculos de los astrónomos habían determinado que en ese lugar debía haber un planeta, aunque ninguno había logrado encontrarlo. A finales del siglo XVIII se crearon varios equipos de astrónomos dedicados a la búsqueda del planeta fantasma. El día 1 de enero de 1801, el astrónomo italiano G. Piazzi, mientras estudiaba las estrellas, encontró un astro que antes no estaba en el mapa y cuya trayectoria era distinta de la de las estrellas. De este modo descubrió el primer **asteroide**. Recibió el nombre de **Ceres**, en honor a la diosa de la fertilidad.

Algunos asteroides no siguen la órbita general del cinturón y se conocen como los **Troyanos**, que siguen la misma órbita que el planeta Júpiter.

La sonda espacial **Galileo** fotografió de cerca los asteroides **Gaspra** (en 1991) e **Ida** (en 1993).

Ceres mide 800 kilómetros de diámetro, **Palas** 450 kilómetros, **Vesta** 380 kilómetros y **Juno** 190 kilómetros.

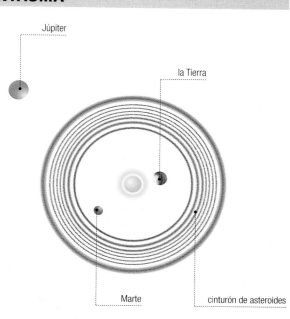

Júpiter

la Tierra

Marte

cinturón de asteroides

Situación del cinturón de asteroides. La masa del conjunto de todos los asteroides no llega a una milésima de la masa de la Tierra.

ORIGEN DE LOS ASTEROIDES

Según los datos más recientes, se cree hoy que los asteroides son fragmentos de la materia inicial del sistema solar y que debido a la escasa masa total no llegaron a formar un **planeta**. Por la **fuerza gravitatoria** del Sol, esos fragmentos fueron reuniéndose en una trayectoria común. Se cree que hay cerca de un millón de fragmentos de más de 1 kilómetro de diámetro y un número mayor de restos todavía más pequeños. Otra hipótesis afirma que los asteroides podrían ser el resultado de la destrucción de un planeta, pero no parece probable.

El asteroide que más cerca ha pasado de la Tierra ha sido **Hermes**, un Apollo que en 1937 se acercó hasta 780.000 kilómetros de distancia.

JÚPITER

Es el planeta más voluminoso del sistema solar y consiste en su mayor parte en grandes masas de **hidrógeno** y **helio** en forma gaseosa o líquida. Presenta bandas características formadas por las nubes que cubren todo el planeta. Posee un **anillo** a su alrededor y un total de 16 **satélites** conocidos hasta la fecha.

CARACTERÍSTICAS GENERALES

Este gigantesco planeta presenta una **órbita** muy excéntrica, lo que hace que en determinados momentos se encuentre relativamente cerca de la Tierra, a sólo 60 millones de kilómetros. Si se le observa con unos prismáticos potentes es posible ver sus **satélites**. Como gira muy rápidamente alrededor de su eje, la cubierta de nubes se dispone formando **bandas** características de color claro u oscuro. En la zona de contacto de estas bandas se producen a menudo remolinos, que se ven en forma de enormes manchas rojizas.

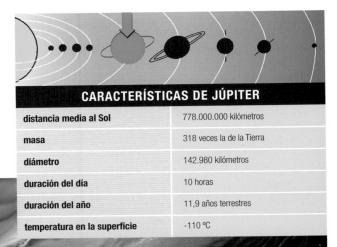

CARACTERÍSTICAS DE JÚPITER	
distancia media al Sol	778.000.000 kilómetros
masa	318 veces la de la Tierra
diámetro	142.980 kilómetros
duración del día	10 horas
duración del año	11,9 años terrestres
temperatura en la superficie	-110 ℃

→ La **gravedad** en la superficie de Júpiter vale 2,34 veces la de la Tierra.

COMPOSICIÓN

El interior del planeta consta de un pequeño **núcleo** (1) rocoso, rodeado de otro de mayores dimensiones formado por **hidrógeno metálico** (2). Le sigue una cubierta de **hidrógeno líquido** (3) y por último una capa relativamente delgada de gases que forman la **atmósfera** (4). La composición total de Júpiter es de un 90 por ciento de hidrógeno, un 5 por ciento de helio, un 3 por ciento de metano y amoníaco y el resto distintos compuestos químicos. La atmósfera forma una densa capa de nubes que se disponen formando las características **bandas** claras y oscuras.

El núcleo rocoso del interior del planeta supone solamente el 4 % de su masa total.

Se cree que la composición química de Júpiter es muy parecida a la que tenía la **nebulosa original** que dio lugar al sistema solar.

1
2
3
4

Corte mostrando el interior del planeta Júpiter.

LOS SATÉLITES

Júpiter está rodeado por un total de 16 satélites de dimensiones muy variables. Los más grandes son **Ganímedes**, de 5.326 kilómetros de diámetro (más grande que el planeta Mercurio y que la Luna), **Calisto**, de 4.800 kilómetros, **Io**, de 3.630 kilómetros, y **Europa**, de 3.140 kilómetros. El más pequeño es **Leda**, que sólo mide 16 kilómetros de diámetro. Io es el más cercano al planeta y debido a su fuerza gravitatoria presenta una forma irregular. Posee numerosos volcanes y cráteres causados por meteoritos. Europa está recubierto de una capa de hielo de color rosado. También Ganímedes está cubierto de hielo y Calisto se caracteriza por el gran número de pequeños cráteres que cubren toda su superficie.

La superficie del satélite Europa es lisa y está cubierta de una capa de hielo, que probablemente tiene debajo agua en forma líquida.

Júpiter emite radiaciones de radio que pueden detectarse con un receptor de radio doméstico en la banda de frecuencia modulada.

Composición en la que puede verse a Júpiter (extremo superior izquierdo), a algunos de sus satélites y, en primer término, Calisto.

SATURNO

El segundo planeta en cuanto a sus dimensiones es uno de los más característicos por los **anillos** que le rodean. Es también el planeta más ligero del sistema solar. Gira lentamente alrededor del Sol y está for-mado fundamentalmente por **hidrógeno** en forma líquida o gaseosa. Posee una **atmósfera** densa con nubes y cuenta con 18 **satélites** principales.

CARACTERÍSTICAS GENERALES

De tamaño algo menor que Júpiter, Saturno se caracteriza por la baja **densidad** de su materia, inferior a la del agua, por lo que podría flotar en ésta. **Galileo** descubrió sus **anillos**, pero creyó que se trataba de dos pequeños satélites puesto que su telescopio no poseía la suficiente capacidad de resolución. Como el eje de giro tiene una inclinación de 27 grados, a intervalos de varios años pueden verse los anillos casi de frente. Cada anillo es un conjunto de pequeñas rocas y masas de hielo, de poco más de un par de metros de longitud los más grandes.

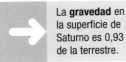

La **gravedad** en la superficie de Saturno es 0,93 de la terrestre.

La velocidad que debe alcanzar una nave para escapar de su superficie es de 35,5 km/s.

Saturno, con su satélite Dione en primer término. La anchura de los anillos de Saturno es de aproximadamente 70.000 kilómetros, pero su espesor apenas supera los 20 kilómetros.

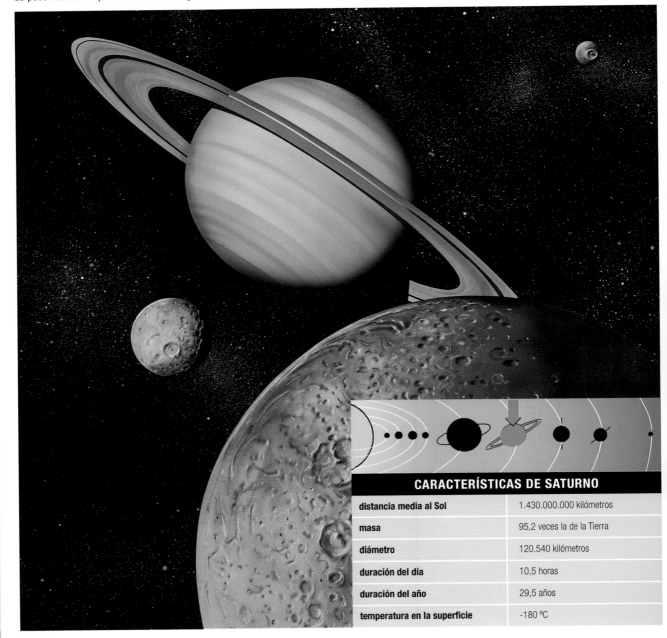

CARACTERÍSTICAS DE SATURNO

distancia media al Sol	1.430.000.000 kilómetros
masa	95,2 veces la de la Tierra
diámetro	120.540 kilómetros
duración del día	10,5 horas
duración del año	29,5 años
temperatura en la superficie	-180 ºC

COMPOSICIÓN

El planeta consta de un pequeño **núcleo** (1) rocoso central, más pequeño que el de Júpiter, seguido de una capa de **hidrógeno metálico** (2) y otra de **hidrógeno molecular** (3) líquido. El 94 por ciento del planeta está formado por hidrógeno, algo más del 5 por ciento por helio y el resto, en cantidades muy pequeñas, por otros elementos y compuestos químicos. En la superficie se producen grandes huracanes, con vientos de hasta 1.800 kilómetros por hora.

Corte mostrando el interior del planeta Saturno.

Aspecto de las partículas de hielo y roca que forman los anillos de Saturno.

Los anillos son, al parecer, el material de un satélite que no llegó a formarse.

1
2
3

LOS SATÉLITES

El planeta cuenta con 18 **satélites** principales más otros menores que van asociados a los anillos. El mayor de todos ellos es **Titán**, de 5.150 kilómetros de diámetro y situado a una distancia media de Saturno de 1.222.000 kilómetros. Se caracteriza porque posee una densa **atmósfera** formada por un 97 por ciento de nitrógeno y el resto metano y otros hidrocarburos. Al parecer, debajo de la densa capa de nubes que lo cubre existe un gigantesco océano de metano. En el año 2004, la nave *Cassini* dejará caer una sonda en este satélite para averiguar cómo es debajo de esas nubes.

La sonda espacial *Voyager* ha demostrado que los anillos son en realidad un conjunto de numerosos anillos delgados que se superponen.

El satélite **Mimas** mide 392 kilómetros de diámetro y posee un enorme cráter de 100 kilómetros de diámetro, resultante del impacto de un meteorito.

URANO

Urano es también uno de los planetas gigantes, pero dada su distancia a la Tierra apenas resulta visible a simple vista. Tiene la misma composición que los restantes **planetas gaseosos** y gira también rápida- mente alrededor de su eje. Posee también varios **anillos** delgados que resultan invisibles al telescopio. Cuenta con 17 **satélites** (de ellos, 5 principales) descubiertos hasta la fecha.

CARACTERÍSTICAS GENERALES

Urano es uno de los planetas gigantes, aunque algo menor que Júpiter y Saturno. Lo descubrió William **Herschel** en 1781 y presenta un color azulado en el telescopio. Una de sus características más notables es la inclinación del **eje de giro**, que es de 98 grados, con lo que casi coincide con el plano de su órbita alrededor del Sol. También sus **satélites** siguen esta misma inclinación. No se sabe exactamente la razón de esta peculiaridad, que podría deberse a una anomalía surgida en el momento de su formación o bien al impacto de un gigantesco **meteorito** capaz de volcar al planeta.

La **gravedad** en la superficie de Urano es 0,79 la de la Tierra.

La velocidad que debe alcanzar una nave para escapar de su superficie es de 21,3 km/s.

Urano, de color azulado, visto desde su satélite Miranda.

COMPOSICIÓN

El planeta debe estar formado por un **núcleo** (1) central de tipo rocoso, rodeado de un grueso **manto** (2) de hielo, sobre el que se dispone la **atmósfera** (3) gaseosa. Los componentes de esta última son los mismos que los de los otros planetas gigantes: hidrógeno, helio, metano y otros hidrocarburos, aunque parece que la proporción de **metano** es superior a la existente en los otros planeta debido al color verdoso que presenta Urano.

LOS ANILLOS DE URANO

Los astrónomos no han conseguido ver los **anillos** del planeta, pero supusieron que tenían que existir debido a ciertas anomalías en la luz observadas al contemplarlo frente a una estrella en varias ocasiones. En 1986, la nave espacial *Voyager 2* se acercó lo suficiente como para fotografiarlos. Se trata de un conjunto de diez anillos delgados formados por pequeños fragmentos de roca y otros materiales de color muy oscuro.

Corte mostrando el interior del planeta Urano.

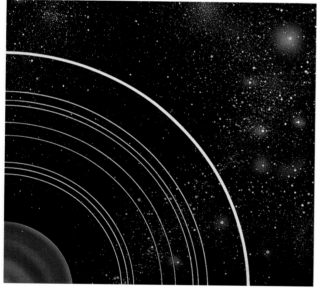

Posición de los anillos de Urano determinados por la sonda *Voyager*.

LOS SATÉLITES

Hasta la fecha se han descubierto cinco satélites principales y doce más pequeños. Se encuentran a una distancia comprendida entre 50.000 y 12.000.000 kilómetros. El *Voyager* pudo fotografiar su superficie, que es bastante oscura y está recubierta de una capa de hielo oscuro. Presentan también cráteres y grietas. **Miranda**, el menor de los principales, mide 470 kilómetros de diámetro y aparece dividido en varios trozos fusionados entre sí.

CARACTERÍSTICAS DE URANO

distancia media al Sol	2.870.000.000 kilómetros
masa	14,6 veces la de la Tierra
diámetro	51.118 kilómetros
duración del día	17,2 horas
duración del año	84 años terrestres
temperatura en la superficie	-216 °C

Los cuatro satélites más grandes de Urano, de izquierda a derecha y de arriba abajo: **Ariel** (1.160 km), **Umbriel** (1.170 km), **Titania** (1.580 km) y **Oberón** (1.520 km).

NEPTUNO

Se trata de un planeta **gaseoso** de color azul que sólo puede observarse con ayuda de unos prismáticos potentes. Posee una **atmósfera** de gran actividad, muestra de la cual son sus bandas transversales y manchas. Está rodeado de un pequeño **anillo** y cuenta con ocho **satélites**.

CARACTERÍSTICAS GENERALES

El planeta consta de un **núcleo** rocoso central rodeado de un grueso **manto** de hielo, sobre el que se sitúa la **atmósfera** gaseosa. Su composición es similar a la de los otros planetas gigantes, con **hidrógeno**, **helio** y **metano** como los principales componentes. Los **anillos** son completos, aunque desde la Tierra sólo se pueden ver fragmentos. De sus ocho **satélites** únicamente dos son visibles desde la Tierra (**Tritón** y **Nereida**), los restantes los descubrió la nave **Voyager 2** en el año 1989.

La **gravedad** en la superficie de Neptuno vale 1,12 la de la Tierra. ⬅

La velocidad que debe alcanzar una nave para escapar de su superficie es de 23,3 km/s. ⬅

Neptuno (en azul), con Tritón y Nereida, sus dos satélites principales.

Tritón mide 2.700 km de diámetro y gira en sentido contrario al de Neptuno, por lo que su velocidad se va reduciendo progresivamente y dentro de unos 100 millones de años acabará por caer sobre el planeta, desapareciendo. ⬆

Nereida mide 340 kilómetros de diámetro. Probablemente era un cuerpo celeste que fue capturado por la fuerza de la gravedad de Neptuno. ⬇

CARACTERÍSTICAS DE NEPTUNO	
distancia media al Sol	4.500.000.000 kilómetros
masa	17,23 veces la de la Tierra
diámetro	49.528 kilómetros
duración del día	16 horas
duración del año	165 años terrestres
temperatura en la superficie	-216 ºC

PLUTÓN

Plutón es el más alejado de los planetas conocidos del **sistema solar** y los datos existentes sobre él son todavía bastante escasos. Tampoco ha llegado hasta sus proximidades ninguna **nave espacial**. Es un pequeño planeta rocoso, provisto al parecer de una tenue **atmósfera** y cuenta con un único satélite.

CARACTERÍSTICAS GENERALES

Fue descubierto en el año 1930 al encontrarse algunas anomalías en la órbita de **Neptuno**. Por sus características tan distintas se supone que podría tratarse de un planeta errante que quedó atrapado por la **fuerza de la gravedad** dentro del **sistema solar**. Consta de un **núcleo** rocoso central rodeado de una capa de hielo formada por **metano**. También la superficie sólida es de metano, lo mismo que la atmósfera. En su superficie existen manchas oscuras y es probable que esté cubierta de cráteres.

La gravedad en la superficie de Plutón es 0,04 la de la Tierra.

La velocidad que debe alcanzar una nave para escapar de su superficie es de 10,4 km/s.

Plutón, a la derecha, y su satélite Caronte, que se mantiene siempre sobre el mismo punto del planeta.

El satélite **Caronte** está a 20.000 kilómetros de distancia de la superficie de Plutón y mide 1.200 kilómetros de diámetro, lo que es un tamaño excepcional para un satélite. Fue descubierto en 1978.

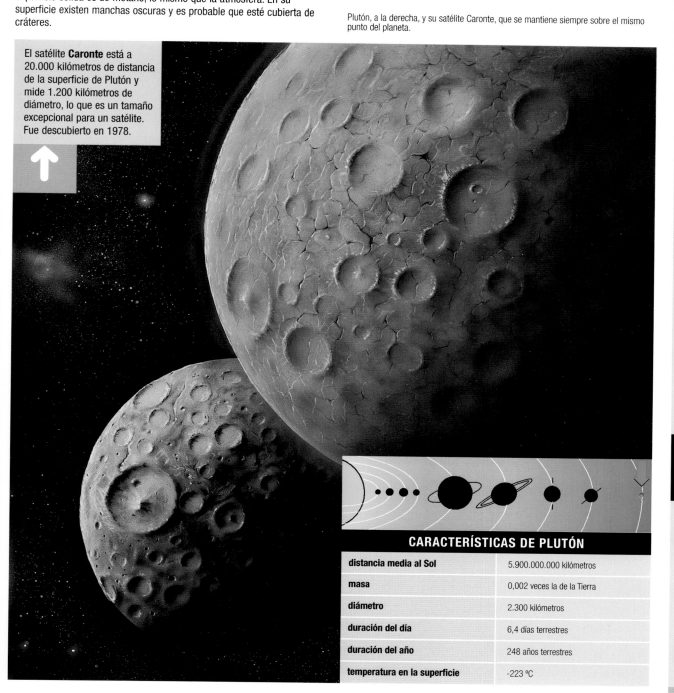

CARACTERÍSTICAS DE PLUTÓN

distancia media al Sol	5.900.000.000 kilómetros
masa	0,002 veces la de la Tierra
diámetro	2.300 kilómetros
duración del día	6,4 días terrestres
duración del año	248 años terrestres
temperatura en la superficie	-223 ºC

GRANDES ASTRÓNOMOS DE LA ANTIGÜEDAD

La **astronomía** no existía como tal en la antigüedad. Los encargados de observar el cielo eran los sacerdotes, que buscaban en los astros respuestas a sus preguntas cotidianas. Sin embargo, los grandes pensadores griegos, fundadores de la **ciencia**, estudiaron por primera vez el firmamento y establecieron así las bases para la astronomía.

ARISTÓTELES

Este filósofo griego nació en Estagira en el año 384 a.C. y murió en Calcedonia en el 322 a.C. Fue uno de los principales pensadores de la antigüedad, que no sólo se dedicó a la filosofía sino también a la botánica, la zoología, la psicología, la medicina, la física y la astronomía. Aunque las ciencias fueron sólo un aspecto parcial al que no dedicó muchos trabajos, su autoridad como pensador fue tal que incluso sus afirmaciones en esas materias se consideraron irrefutables durante siglos.

Aristóteles afirmó que la **Tierra** es una esfera que permanece quieta en el espacio y que es el centro del **universo**. A su alrededor giran todos los restantes **planetas**, las **estrellas**, la **Luna** y el **Sol**. Lo demostró mediante razonamientos filosóficos y dado que no se disponía de los conocimientos matemáticos actuales ni de los modernos instrumentos de observación, nadie pudo contradecirle.

Lo que dijo Aristóteles, y no sólo en astronomía, se mantuvo como verdad absoluta durante casi dos mil años.

Aristóteles escribió *Acerca del cielo*, donde se dedicó a los problemas de la astronomía.

Aristóteles fundó en el año 335 a.C. el Liceo en la ciudad de Atenas.

Aristóteles fue discípulo de Platón y contemporáneo de Alejandro Magno.

HIPARCO DE NICEA

Este científico griego vivió durante el siglo II a.C., aunque se tienen pocos datos acerca de su vida, pero se le considera el fundador de la **astronomía científica**. Realizó importantes cálculos sobre el movimiento del Sol y de la Luna y describió su **órbita** con bastante exactitud.

Uno de sus principales trabajos fue el primer **catálogo de estrellas**. Logró identificar algo más de 1.000 y las clasificó por su brillo en seis categorías, inventando el método que se sigue utilizando en la actualidad.

CATÁLOGO DE ESTRELLAS

Los catálogos de estrellas son muy importantes para poder saber los cambios de posición que sufren a lo largo del tiempo.

ERATÓSTENES

Geógrafo, filósofo y astrónomo griego, que nació en Cirene en el año 284 a.C. y murió en Alejandría en 192 a.C. Fue un hábil matemático que realizó numerosos cálculos muy precisos para determinar distancias geográficas. Entre otras cosas, inventó una especie de malla con ejes perpendiculares y con la que era posible localizar los pueblos y ciudades conociendo su distancia. Dirigió la **biblioteca de Alejandría**.

Uno de sus trabajos más importantes fue el cálculo de la **circunferencia de la Tierra**. Observó que en el **equinoccio** de primavera (21 de marzo) el Sol se reflejaba en el fondo de los pozos en la ciudad de Asuán, pero que en Alejandría (situada en el mismo meridiano pero algo más al sur) se producía una pequeña sombra. Dedujo que eso se debía a la **curvatura de la Tierra**. Entonces midió la distancia entre las dos ciudades y determinó con gran exactitud lo que valía el radio terrestre.

A pesar de sus avanzados conocimientos en muchas ciencias, los egipcios no destacaron por sus cálculos astronómicos.

LAS OBSERVACIONES DE ERATÓSTENES

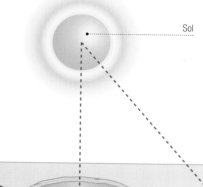

Sol

pozo de Asuán

obelisco de Alejandría

sombra

Según los cálculos de Eratóstenes, el radio de la Tierra mide 6.400 kilómetros. Éste es un valor muy cercano al que se ha medido en la actualidad.

CLAUDIO PTOLOMEO

Este filósofo, matemático y astrónomo griego nació y vivió en Alejandría durante el siglo II a.C. Escribió una monumental obra en trece tomos, *Sintaxis matemática*, donde recogió todos los conocimientos de **astronomía** que se tenían hasta esa época. Además, realizó **tablas astronómicas** y una importante obra de **cartografía** que sirvió para elaborar los mapas más exactos de su época. También realizó un **catálogo de estrellas** que recoge un total de 1.200.

Su principal aportación a esta ciencia es el **modelo planetario** que creó y que describió en cinco libros. Su concepto del universo se impuso en la astronomía y perduró durante más de trece siglos.

EL MODELO DEL UNIVERSO DE PTOLOMEO

El sistema propuesto por Ptolomeo considera a la **Tierra** el centro del **universo**. Afirma que la Tierra es esférica y que a su alrededor se disponían la Luna, los planetas, el Sol y las estrellas, girando en órbitas precisas. Para explicar las irregularidades que se observaban, Ptolomeo inventó una complicada serie de cálculos correctores.

Ptolomeo.

LOS ASTRÓNOMOS MODERNOS

Las ideas del **universo** a las que habían llegado los astrónomos de la Grecia clásica se consideraron una verdad irrefutable a lo largo de varios siglos. En el siglo xv se produjo la primera gran revolución cuando Copérnico dijo que la Tierra no era el centro del universo. A partir de entonces la astronomía comenzó a transformarse en la ciencia que hoy conocemos.

NICOLÁS COPÉRNICO

Astrónomo polaco que nació en Torun, a orillas del Vístula, el 19 de febrero de 1473 y murió en Frombrock el 24 de mayo de 1543. Estudió leyes, astronomía y lenguas en las universidades de Cracovia, Bolonia y Padua. Desde 1512 fue canónigo en Frombrock, dedicándose entonces a las labores de su cargo y a las observaciones astronómicas. También realizó algunos inventos muy útiles para la ciudad, como un sistema hidráulico que permitía el suministro de agua.

Fue un cuidadoso analista de todas las teorías conocidas hasta entonces y las comparó con los datos más recientes disponibles y con sus propias observaciones. Todo eso le hizo llegar a la conclusión de que la **Tierra** no era el centro del **universo**.

Copérnico recogió su teoría en una obra que encontró la oposición de la Iglesia, pero que pudo ver editada poco antes de morir.

Copérnico afirmó que la **Tierra** y los restantes **planetas** giran alrededor del Sol.

JOHANNES KEPLER

Este astrónomo alemán nació en Weil der Stadt el 27 de diciembre de 1571 y murió en Ratisbona el 15 de noviembre de 1630. Trabajó como matemático imperial, pero siempre con grandes dificultades económicas. Inventó un **telescopio** para poder realizar mejor sus observaciones, pero centró sus trabajos en el cálculo matemático de las **trayectorias de los planetas**, lo que le permitió descubrir las leyes que rigen el movimiento de todos ellos.

Las **leyes de Kepler** afirman que los planetas se mueven en órbitas elípticas, con el **Sol** en uno de los focos, y que lo hacen a mayor velocidad cuanto más cerca están de él.

 Copérnico realizó un nuevo **catálogo de estrellas**.

Las leyes de Kepler demostraron que la teoría de **Copérnico** era cierta. ←

Para descubrir sus leyes, Kepler estudió durante 10 años la órbita de **Marte**.

Introducción

El espacio

El sistema
solar

El Sol

Mercurio

Venus

La Tierra

Marte

Asteroides

Júpiter

Saturno

Urano

Neptuno
y Plutón

La exploración
del universo

Índice
alfabético

GALILEO GALILEI

Este matemático, astrónomo y físico italiano nació en Pisa el 15 de febrero de 1564 y murió cerca de Florencia el 8 de enero de 1642. Descubrió las leyes del **péndulo**, construyó una balanza hidrostática e inventó un termómetro de gas. En 1609 construyó un **telescopio** mejorado que obtenía 30 aumentos y con el que se dedicó a estudiar los astros.

En astronomía realizó aportaciones muy importantes como descubrir las **manchas solares**, calcular el **período de rotación** del Sol y determinar que las estrellas están muy alejadas de nuestro planeta, con lo cual el **universo** podía ser infinito.

Fue un gran defensor de la teoría de **Copérnico,** lo que le llevó a enfrentarse a la Iglesia, que había declarado que las ideas copernicanas eran una herejía por negar que la **Tierra** fuera el **centro del universo**. La Inquisición le denunció y sometió a juicio, y ante la amenaza de ir a presión se vio obligado, en 1632, a renunciar a esas teorías, quedando arrestado en su casa, donde continuó trabajando con sus discípulos a pesar de estar medio ciego.

Galileo demostró que la **Vía Láctea** no es una nube sino una masa de estrellas.

Según una leyenda, después de renunciar a la teoría de Copérnico ante los jueces de la Inquisición, Galileo afirmó: «y a pesar de ello (la Tierra) se mueve».

Otros descubrimientos de Galileo fueron las montañas de la **Luna** y cuatro de los **satélites** de **Júpiter**.

ANALIZANDO UNA ESTRELLA

El físico alemán Joseph **Fraunhofer** observó en 1814 que al pasar la luz solar (o de otra estrella) por un prisma se producían unas rayas negras (**espectro de absorción**), con lo cual se puede analizar la composición de cualquier **estrella**.

George **Lamaître** propuso en 1927 un teoría sobre el origen del universo que más tarde se conocería como el **Big Bang**.

Los astrónomos actuales pueden llegar a estudiar cientos de millones de sistemas estelares que se hallan fuera de nuestra galaxia.

TELESCOPIOS E INSTRUMENTOS

Los avances de la astronomía han ido ligados muy directamente con el desarrollo de los instrumentos científicos que posibilitan la contemplación del firmamento. Sin embargo, el aficionado también puede realizar observaciones con medios muy sencillos. Los instrumentos disponibles para el estudio de los astros van desde los **prismáticos** hasta los grandes **telescopios** utilizados en los observatorios astronómicos.

UN MÉTODO SENCILLO PARA CONTAR ESTRELLAS

Todas las estrellas que podemos ver a simple vista pertenecen a nuestra galaxia, la **Vía Láctea**. Hay una manera muy sencilla de calcular aproximadamente las que podemos ver una noche cualquiera. Se recorta una circunferencia de 12 cm de diámetro en una cartulina y se coloca delante de los ojos a 30 cm de distancia (para ello lo mejor es atar un cordel de 30 cm que mantendremos tenso entre nuestra cara y la cartulina).

Este orificio en la cartulina permite contemplar un 1 por ciento del firmamento. Contaremos entonces las estrellas que podemos ver a través del agujero y repetiremos la medición diez veces en distintas orientaciones. Sumando los valores obtenidos tendremos el número de estrellas que hay en el 10 por ciento de la esfera celeste. Multiplicándolo por 10 habremos calculado cuántas estrellas hay.

Para observar bien el firmamento hay que buscar un lugar alejado de las poblaciones para evitar los reflejos de las luces.

Contando las estrellas del firmamento...

LOS PRISMÁTICOS

Este instrumento óptico utilizado para la observación de animales en libertad o para ver personas o lugares alejados, puede emplearse también para contemplar un mayor número de estrellas y para observar la superficie de la Luna. Con unos prismáticos potentes es posible ver un gran número de cráteres, montañas y "mares" de nuestro satélite. El modelo más adecuado para realizar observaciones astronómicas es el de 7 x 50 (7 aumentos y lente delantera de 50 mm de diámetro).

JAMÁS EN DIRECTO

No debe **utilizarse nunca prismáticos** para contemplar el **Sol**. El resultado podría ser una **ceguera** irreversible.

Para mirar las estrellas con unos prismáticos conviene apoyar los brazos sobre una base firme para evitar vibraciones.

Unos buenos prismáticos permiten obtener sorprendentes detalles de la Luna.

EL ANTEOJO ASTRONÓMICO

Este sencillo instrumento, tal como se utilizaba en la antigüedad, consiste en un tubo provisto de una lente de aumento en uno de sus extremos. Más tarde se descubrió que colocando dos lentes se podía aumentar su potencia. Galileo lo perfeccionó y construyó uno de 30 aumentos.

La primera lente sirve para producir una pequeña imagen del objeto observado, por ejemplo la Luna. La segunda lente, situada en el ocular (por donde mira el observador), sirve para aumentar esa primera imagen.

EL TELESCOPIO

Este instrumento consiste en un perfeccionamiento del anteojo astronómico añadiendo nuevas lentes que corrigen los defectos producidos en la imagen y que aumentan su capacidad. Las dos características más importantes de los telescopios son el **aumento** y la **luminosidad**. La primera depende de la relación que hay entre la **distancia focal** del objetivo y del ocular. La luminosidad depende del diámetro del **objetivo** y cuanto mayor sea éste más luminoso será el instrumento.

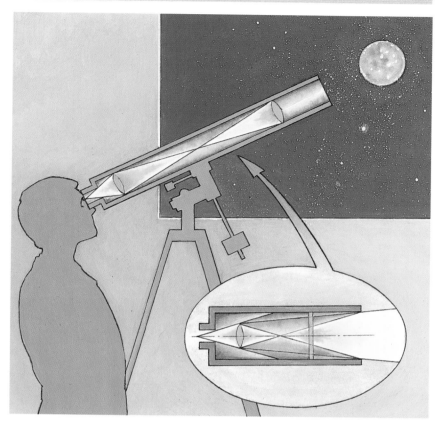

La imagen que se observa en el ocular del anteojo aparece invertida.

LOS TELESCOPIOS MODERNOS

Los telescopios modernos son de grandes dimensiones y constan de numerosos elementos auxiliares para moverlos con precisión. Además, en lugar de observarse la imagen directamente se utiliza la imagen producida por **reflexión** en un espejo. La luz que entra en el telescopio se refleja en un **espejo cóncavo** existente en el fondo. La imagen reflejada incide sobre un espejo plano y es la que se contempla con ayuda del ocular.

PODER RESOLUTIVO

El poder resolutivo es la capacidad del instrumento para diferenciar dos objetos situados muy próximos.

El poder resolutivo del ojo humano se llama capacidad visual.

Con un telescopio de 1.000 mm de longitud focal del objetivo y un ocular de 10 mm de longitud focal, se consiguen 100 aumentos.

RADIOTELESCOPIOS Y ESPECTRÓMETROS

La luz visible permite observar un gran número de astros pero hay muchos otros que no emiten luz, que aparecen cubiertos por **polvo interestelar** que absorbe esa luz o que están tan lejanos que la potencia de un **telescopio óptico** no puede detec-tarlos. Por ese motivo, los astrónomos utilizan otros tipos de **radiación electromagnética**, como son las ondas de radio. Además, con los **espectrómetros** se puede estudiar la composición de los astros.

LOS RADIOTELESCOPIOS

En 1931, buscando un método para mejorar la recepción de las emisiones de radio y evitar los ruidos parásitos, un ingeniero descubrió accidentalmente que había ruidos parásitos que procedían del espacio. Los astrónomos comenzaron entonces a utilizar este nuevo medio para explorar el firmamento. El resultado ha sido el descubrimiento de numerosas estrellas y otras estructuras del universo.

La **luz** es sólo una parte de las **radiaciones** que emiten los cuerpos celestes. Las **longitudes de onda** varían entre valores muy amplios. El radiotelescopio detecta todas aquellas que no pertenecen a la luz visible. Estos telescopios son de dimensiones muy grandes y consisten fundamentalmente en un **reflector**, que tiene forma de espejo cóncavo para centrar la radiación en un punto central donde se registra, que es la **antena**. Desde ésta se envía la señal a un **amplificador** que la somete a un tratamiento para permitir su estudio.

Para obtener una **resolución** de 1' se necesita un reflector parabólico de 690 metros de diámetro.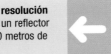

El radiotelescopio de Arecibo (Puerto Rico) tiene una antena parabólica de 300 metros de diámetro.

Los radiotelescopios son parecidos a las **antenas parabólicas** que utilizamos para ver los canales de televisión por satélite, aunque de dimensiones mucho más grandes.

LOS ESPECTRÓMETROS

Cuando se hace pasar la **luz solar** blanca a través de un prisma de cristal, por la otra cara sale luz dividida en varios colores. Lo que ha sucedido es que el prisma ha dividido el haz de luz blanca en cada uno de sus componentes o colores. Cada color tiene una **longitud de onda** distinta y se refleja en las caras del prisma con un ángulo diferente. El conjunto de estos colores constituye lo que se llama el **espectro** de la luz solar.

Los físicos descubrieron que cuando un **elemento químico** se vuelve incandescente emite un espectro característico, es decir, formado por colores en diferentes proporciones. Por consiguiente, conociendo el espectro de cada elemento podemos saber si la luz que llega de un lugar determinado contiene o no ese elemento.

Éste es el principio de la **espectrometría**. El espectrómetro es un instrumento que analiza la luz que llega del espacio (por ejemplo de una estrella) y permite saber los elementos químicos que contiene.

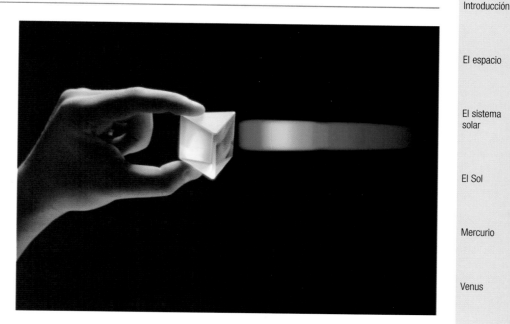

El prisma descompone la luz blanca en los diversos colores que la componen.

Las **longitudes de onda** de los colores de la luz solar oscilan entre las 0,40 milésimas de mm del violeta y las 0,70 milésimas de mm del rojo.

LOS INTERFERÓMETROS Y LOS RADARES

Los **quásares** son potentes emisores de radiaciones, que pueden estudiarse con ayuda de radiotelescopios y espectrómetros.

Estos dos instrumentos se utilizan también para el estudio del firmamento. Los **interferómetros** consisten en dos espejos situados a una cierta distancia, que reflejan la imagen o la radiación incidente sobre un **telescopio óptico** o un **radiotelescopio**, produciendo una imagen de interferencia que mejora la capacidad de **resolución**.

Los **radares** emiten un haz de señales hacia un cuerpo celeste (la Luna o un planeta) y reciben un eco, que permite estudiar la superficie de ese cuerpo y determinar su distancia.

Muchos de estos instrumentos se montan hoy en **satélites artificiales** y **naves espaciales**, aumentando así su eficacia al no resultar afectados por las capas de aire de la atmósfera.

HISTORIA DE LA ASTRONOMÍA

Durante mucho tiempo la **astronomía** estuvo ligada a la **astrología**, que se dedica a interpretar el destino humano a partir de los astros. Los primeros astrónomos eran sacerdotes que en los templos elaboraban predicciones sobre el futuro, pero también realizaron cálculos que fueron creando las bases de esta ciencia. Los griegos fueron los primeros que desligaron por completo astronomía y religión. Entonces comenzó la historia de la ciencia astronómica.

BABILONIA

Los antiguos pobladores de Babilonia, la fértil región entre los ríos Tigris y Éufrates, registraron ya en sus tablas, hace 5.000 años, la regularidad con la que se producían ciertos fenómenos celestes, como son los cambios de **fase de la Luna** o el paso del **Sol** a distinta altura en las diferentes épocas del año. Para intentar predecir el futuro en temas tan prácticos como las crecidas de los ríos consultaban los astros, pero para encontrarlos realizaron las primeras mediciones exactas de su paso.

Los caldeos inventaron el reloj de agua para medir el tiempo en sus observaciones.

LA INDIA

Hacia la misma época en que los chinos construyeron los primeros observatorios astronómicos, los sabios de la India se dedicaban al estudio de la **matemática**, que relacionaban con los astros. La **astronomía** surgió de la vieja religión del país, pero la necesidad de conocer la posición de los astros hizo que pronto quedara ligada a las matemáticas.

Los matemáticos indios crearon el concepto del **cero**, una idea que tardó muchos siglos en arraigar en la mente humana.

CHINA

Los chinos construyeron hace 3.000 años **observatorios astronómicos** muy complejos para la época. Habían dividido el **año** en cuatro estaciones midiéndolas por medio de los **solsticios** (en verano e invierno) y los **equinoccios** (en primavera y otoño). Para estudiar el firmamento lo dividieron en 28 regiones, que relacionaron con las distintas posiciones de la **Luna**. A mediados del siglo XI observaron ya una nova, origen de la nebulosa del Cangrejo.

El observatorio astronómico indio de Jantar Mantar, en Jaipur (India).

LOS ASTRÓNOMOS DE AMÉRICA PRECOLOMBINA

Los **mayas** fueron grandes matemáticos que utilizaron sus conocimientos para crear un complejo **calendario** de gran exactitud. Tenía una gran importancia para predecir las épocas de cosecha y de lluvias. En las ciudades mayas, junto a los templos dedicados a los dioses se levantaban los observatorios astronómicos, donde los sacerdotes estudiaban el curso de los astros para hacer sus predicciones de eclipses, del paso de los astros y de la duración del año.

También los **aztecas** y los **incas** dispusieron de sistemas numéricos de gran exactitud, que constituían una de las bases de sus sistemas sociales.

La pirámide maya de El Adivino, en Uxmal (México).

LOS GRIEGOS

Fueron excelentes matemáticos que aplicaron sus conocimientos a la geometría y la astronomía. Muchos de sus conocimientos siguen siendo hoy la base de la ciencia. **Tales de Mileto**, **Pitágoras** o **Aristóteles** fueron algunos de los pensadores que establecieron esas bases. Los astrólogos griegos fueron capaces de calcular el **radio de la Tierra**, que ya consideraban como una esfera. También calcularon con gran precisión los períodos de los planetas y de muchas estrellas.

 Ptolomeo afirmó que la Tierra era el centro del universo y que el Sol y los planetas giraban a su alrededor.

Los griegos, hace unos 2.500 años, fueron los primeros en desligar por completo la ciencia de la religión, independizando así el pensamiento y permitiendo el avance científico.

COPÉRNICO, KEPLER Y GALILEO

Estos tres astrónomos realizaron durante el siglo XVI una labor fundamental que transformó por completo el concepto del universo y basándose en los conocimientos de los griegos dieron el impulso definitivo a la astronomía como ciencia. **Copérnico**, después de muchos cálculos y observaciones, afirmó que la **Tierra** no era el centro del universo sino que ella, y los restantes planetas, giraban alrededor del **Sol. Kepler**, con sus leyes físicas, demostró que Copérnico tenía razón. También defendió sus ideas **Galileo**, que igualmente corroboró con ayuda de sus observaciones, realizadas gracias al **telescopio** que inventó.

Galileo Galilei escrutando el firmamento...

LA ASTRONOMÍA MODERNA

Desde Copérnico, la astronomía ha ido evolucionando con rapidez. Sus conocimientos nos indican que sólo somos un planeta de una pequeña estrella situada en el borde exterior de una de las miles de **galaxias** que forman el universo. Para comprobarlo se han construido enormes **telescopios ópticos**, que permiten ver estrellas situadas a millones de años-luz de la Tierra. Para ver más allá del límite de los instrumentos ópticos se inventaron los **radiotelescopios** y para observar el firmamento con claridad sin las perturbaciones de la atmósfera, en los últimos años se han lanzado **satélites artificiales** y se han construido **estaciones espaciales**, dotadas de material astronómico. Estas naves viajan ya por todo el **sistema solar** y nos están proporcionando una imagen única del universo.

El telescopio espacial *Hubble*.

LOS PRIMEROS INTENTOS

En la antigüedad, el hombre estaba ligado irremediablemente al suelo, pero soñaba con volar. El cielo era una esfera que se extendía sobre la Tierra y allí moraban los dioses. Pero aun así soñó en llegar. Los sueños se hicieron realidad a partir del siglo XIX.

Comenzó con la posibilidad de volar hasta que a mediados del siglo XX el hombre consiguió lanzar objetos fuera del planeta. Fueron los primeros intentos para hacer realidad aquel viejo sueño.

LOS COHETES CHINOS

Los chinos fueron los inventores de la pólvora y pronto comenzaron a buscar aplicaciones a este extraordinario producto. Los principales usos que se hicieron de él fueron militares, pues la posibilidad de destruir muros o lanzar proyectiles, aunque todavía muy rudimentaria, era una baza importante para cualquier ejército. Un tubo hueco (por ejemplo una caña de bambú) lleno de pólvora y con una abertura en la parte posterior, al encenderse el explosivo salía proyectado hacia delante. Colocando una caña en su extremo inferior era posible hacer que el tubo siguiera más o menos una dirección recta. Ése fue el primer cohete.

La varilla que lleva el cohete sirve para estabilizar el vuelo, compensando los movimientos basculantes y permitiendo una trayectoria recta.

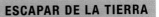

Los fuegos artificiales son una antigua aplicación de la pólvora. Consisten en lanzar un pequeño cohete al aire para que explote a cierta altura y produzca destellos en todas direcciones, a veces de colores diferentes.

JULIO VERNE

Escritor francés, nacido en 1828 y fallecido en 1905. Es autor de numerosos libros de aventuras como *La vuelta al mundo en 80 días*, *Viaje al centro de la Tierra* o *20.000 leguas de viaje submarino*. En todas ellas tiene una gran visión sobre futuros logros de la ciencia y de la técnica. Pero en una de estas obras se adentró por el mundo de los viajes espaciales con un siglo de antelación, realizando cálculos técnicos muy precisos. Fue en su libro *De la Tierra a la Luna*. En él, un grupo de personas se meten dentro de una enorme bala de cañón y son lanzados hacia nuestro satélite.

ESCAPAR DE LA TIERRA

Entre otros muchos cálculos, Julio Verne determinó que la velocidad mínima para poder abandonar la gravedad terrestre era de 11,2 kilómetros por segundo.

Una escena de la película *De la Tierra a la Luna*, basada en la obra de Julio Verne.

Julio Verne describió los efectos de la falta de gravedad sobre los viajeros espaciales.

EL PADRE DE LA ASTRONÁUTICA

El ruso K.E. Tsiolkowski fue el primer científico que se ocupó de los problemas básicos que tendrían los viajes espaciales. Había nacido en 1857 y sus estudios pioneros se adelantaron a su tiempo, por lo que cuando murió en 1935 no había visto todavía hecho realidad ninguno de sus proyectos. Entre los muchos temas de los que se ocupó están el cálculo de las trayectorias necesarias para escapar de la atracción terrestre con el mínimo gasto de energía, así como los pesos que deberían tener los distintos componentes de un cohete para poder elevarse. Una idea fundamental fue proponer el uso de combustibles líquidos en lugar de sólidos.

Los combustibles líquidos propuestos por Tsiolkowski fueron tanto el hidrógeno y el oxígeno como el hidróxido de carbono.

Los primeros prototipos de cohetes que Tsiolkowski realizó en 1914 y 1915.

la bomba volante V-2

Esnault-Pelterie

Goddard

von Braun

Oberth

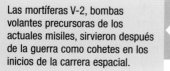

Las mortíferas V-2, bombas volantes precursoras de los actuales misiles, sirvieron después de la guerra como cohetes en los inicios de la carrera espacial.

VIAJAR A LA LUNA

La fantasía de Julio Verne impulsó a Oberth a hacer realidad las bases para un viaje a la Luna.

ESNAULT-PELTERIE Y GODDARD

El francés R. Esnault-Pelterie (1881-1957) se dedicó primero a los problemas de la aeronáutica, pero más tarde centró sus trabajos en la astronáutica. Proyectó distintos motores de propulsión y adelantó la posibilidad de utilizar combustibles nucleares.

El estadounidense R.H. Goddard (1881-1941) estudió numerosos problemas relativos a un posible viaje a la Luna y consiguió hacer despegar un cohete utilizando como combustible oxígeno líquido y alcohol, tal como había propuesto Tsiolkowski años antes.

VON BRAUN Y OBERTH

El ingeniero alemán Wernher von Braun (1912-1977) se dedicó intensamente al diseño de cohetes y durante la Segunda Guerra Mundial construyó las famosas V-2. Después de la guerra, se trasladó a Estados Unidos, donde participó activamente en su programa espacial.

El también alemán Hermann Oberth (1894-1979) estudió desde un principio los problemas relativos a los viajes interplanetarios después de haber leído en su juventud el libro de Julio Verne. La II Guerra Mundial le obligó a participar en la construcción de las V-2, pero después continuó en Estados Unidos con sus estudios sobre la propulsión de naves espaciales.

LA CARRERA ESPACIAL

Una vez acabada la Segunda Guerra Mundial, los antiguos aliados, los Estados Unidos por un lado y la Unión Soviética por el otro, se enfrentaron en todos los campos intentando conseguir el liderazgo mundial. Esta pugna se amplió a los campos científicos y técnicos y la astronáutica no fue menos. Cada uno de estos países inició sus programas espaciales con el objetivo final de llegar a la Luna. Es lo que se llama la carrera espacial.

El gigantesco cohete *Saturn-5* (110 m de altura y 2.700 tm de peso) hizo posible la llegada del hombre a la Luna.

¿CÓMO FUNCIONA UN COHETE?

El primer paso en la carrera espacial fue construir cohetes capaces de vencer la fuerza de la gravedad terrestre. Goddard ya había conseguido lanzar un cohete con combustible líquido y las V-2 alemanas habían cruzado el Canal de la Mancha para bombardear Inglaterra. El funcionamiento de todos estos cohetes y de los que se desarrollaron a partir de entonces es el mismo.

Un cohete simple consta de una cámara de propulsión, que quema un combustible líquido y expulsa gases a una elevada temperatura, de cerca de 3.000 grados. Por eso, las turbinas tienen que ser resistentes para no fundirse. La salida de los gases empuja el cohete en sentido contrario. En la parte delantera se coloca la carga útil, que pueden ser otros cohetes o una cápsula espacial.

En el espacio no hay aire, por lo que las alas no sirven para controlar el vuelo. Esa función la realizan pequeños motores auxiliares que aceleran o frenan el cohete y le hacen cambiar de dirección.

Los cohetes que envían cápsulas tripuladas suelen constar de varias etapas. Cada una es en sí un cohete que propulsa los restantes hasta una cierta altura. Cuando acaba su combustible se enciende el de un nuevo cohete.

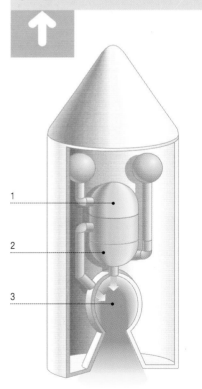

El principio del **cohete propulsor**. El agente oxidante (1) permite que el combustible se queme; la bomba o gas impulsor (2) empuja el combustible desde el depósito hacia el motor (3), donde el combustible, al quemarse, genera gases.

LA SEÑAL DE SALIDA

La carrera espacial comenzó oficialmente el día 29 de julio de 1955. Ese día, los Estados Unidos anunciaron que iban a construir y lanzar al espacio un satélite artificial que estaría en órbita alrededor de la Tierra y tomaría fotografías de nuestro planeta. Era su contribución al Año Geofísico Internacional que debía celebrarse entre 1957-1958, donde científicos de todo el mundo colaborarían para realizar mediciones y análisis de nuestro planeta y mejorar los conocimientos que tenemos de él.

El 1 de agosto de 1955, tres días después del comunicado estadounidense, los soviéticos anunciaron por su parte la intención de construir y poner también en órbita otro satélite parecido.

EL PRIMER SATÉLITE ARTIFICIAL

El día 4 de octubre de 1957, los científicos soviéticos pusieron en órbita el primer satélite artificial que giraba alrededor de la Tierra, se llamaba *Sputnik I*. El pitido que emitía, reproducido en la radio y captado por los radioaficionados, se convirtió en una sensación en todo el mundo. Había empezado la exploración del espacio.

Este primer satélite era pequeño, pues se reducía a una esfera del tamaño de un balón grande, de color plateado y con varias antenas a su alrededor.

Cuatro meses después del lanzamiento del *Sputnik I* (en el dibujo), fue puesto en órbita el primer satélite estadounidense, el *Explorer I*.

EL PRIMER SER VIVO EN EL ESPACIO

El día 3 de noviembre de 1957, los rusos pusieron en órbita un nuevo satélite, de nombre *Sputnik II*, pero llevaba en su interior una perra polar de nombre *Laika*, que se convirtió así en el primer ser vivo que abandonaba la Tierra y salía al espacio. Llevaba aparatos que registraban sus constantes vitales y que demostraron a los científicos que un animal podía sobrevivir en aquellas alturas dentro de la cápsula y que, por lo tanto, también podría hacerlo un ser humano.

LA PERRA LAIKA, EN EL INTERIOR DEL *SPUTNIK II*

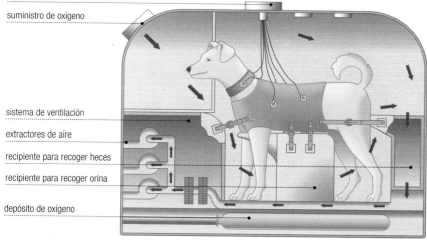

registradores de las constantes vitales

suministro de oxígeno

sistema de ventilación

extractores de aire

recipiente para recoger heces

recipiente para recoger orina

depósito de oxígeno

MONOS Y RATONES VIAJEROS

Mientras que los científicos soviéticos utilizaban perros siberianos como astronautas, los estadounidenses optaron por utilizar ratones y monos. En el verano de 1958, lanzaron un cohete que elevó hasta 8.000 kilómetros de altura al ratón *Mia*, pero la pequeña nave se perdió en el mar al regresar. Otro ratón, *Wickie*, regresó pero no proporcionó mucha información por un fallo de los registros. Más éxito hubo en el caso de los monos, que proporcionaron valiosa información para los posteriores viajes tripulados.

La NASA (la Administración nacional de la Aeronáutica y del Espacio), se constituyó en julio de 1958 y es el organismo civil estadounidense encargado de todas las cuestiones sobre aeronáutica.

El primer director de la NASA, hasta 1972, fue Wernher von Braun.

EL HOMBRE EN EL ESPACIO

Cuando la técnica de construcción de los cohetes había alcanzado la suficiente madurez como para permitir el lanzamiento de una cápsula de gran tamaño y, a su vez, las pruebas realizadas con animales habían demostrado la posibilidad de vivir en el espacio, las dos grandes potencias dieron un nuevo paso y el hombre, por primera vez, salió del planeta. Una nueva era había comenzado.

GAGARIN

El piloto Yuri Gagarin, nacido en 1934, fue uno de los seleccionados para formar el primer equipo de astronautas soviéticos. Sus conocimientos técnicos, pericia y condiciones físicas hicieron que el 12 de abril de 1961 se convirtiera en el primer hombre que voló al espacio. Lo hizo a bordo de una pequeña cápsula, la *Vostok 1*. Su vuelo duró unas pocas horas, en el curso de las cuales dio una vuelta alrededor de la Tierra, pero suficiente para que a su regreso fuera aclamado como un gran héroe. Murió en 1968 al estrellarse el avión que pilotaba.

Yuri Gagarin, el primer hombre en el espacio.

GLENN

John H. Glenn, también piloto pero de la marina, fue el primer estadounidense en salir al espacio. Lo hizo el día 20 de febrero de 1962 a bordo de una cápsula, también pequeña, de la serie Mercury. Dio igualmente varias vueltas a la Tierra y desde su nave mantuvo comunicaciones con la base que se transmitieron al público y causaron una gran sensación.

John Glenn, a sus 77 años, volvió al espacio (en 1998) para comprobar los efectos de la ingravidez en las personas de avanzada edad.

EL PROYECTO MERCURY

A los dos primeros vuelos tripulados por el espacio siguieron otros numerosos lanzamientos, tanto estadounidenses como soviéticos. En todos estos casos, las cápsulas eran estrechos habitáculos que sólo permitían la presencia de un tripulante. En cada uno de los vuelos se fueron probando distintos sistemas preparatorios para las posteriores cápsulas, más complejas. Los estadounidenses denominaron *Mercury* a su proyecto de vuelos con un único tripulante.

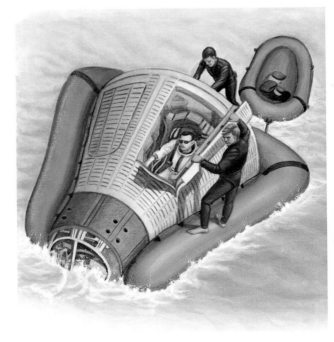

Una cápsula *Mercury* tras el amerizaje (toma de contacto con el mar).

EL PROYECTO APOLO

Tras el éxito de los primeros vuelos tripulados, la NASA inició, a finales de 1966, el proyecto Apolo, con el ambicioso plan de poner a un hombre en la Luna. Hasta conseguirlo tres años más tarde, se realizaron pruebas cada vez más complejas, lanzando cápsulas con dos o tres astronautas, saliendo más tarde uno de ellos por primera ver al espacio y enviando satélites a la Luna para explorar previamente el terreno. El último paso previo fue el vuelo tripulado alrededor de nuestro satélite.

Una cápsula soviética aterrizando en Siberia.

Una cápsula estadounidense amerizando en el océano.

VÍCTIMAS DE LA CARRERA DEL ESPACIO

El 27 de enero de 1967, antes del lanzamiento de la primera nave *Apolo*, un fallo en los equipos del cohete provocó un incendio, muriendo abrasados los tres astronautas Grissom, Chafee y White. A mediados de 1967, cuando regresaba a la Tierra, el paracaídas de la primera nave *Soyuz* no se abrió y ésta se estrelló contra el suelo, muriendo el cosmonauta V. Komarov.

Los mayores desastres, sin embargo, se produjeron el 28 de enero de 1986 (cuando el *Challenger* explotó en vuelo, muriendo sus siete tripulantes) y el 1 de febrero de 2003 (al desintegrarse la lanzadera *Columbia* al entrar en la atmósfera terrestre, falleciendo sus siete tripulantes).

LA PREPARACIÓN DEL GRAN VIAJE

En el curso del año 1963, los estadounidenses iniciaron el proyecto *Gemini*, consistente en el envío de cápsulas tripuladas con dos astronautas. A los pocos meses, también lo hicieron los soviéticos.

El 31 de julio de 1964, la sonda estadounidense *Ranger 7* se estrelló sobre la superficie lunar después de tomar 4.000 fotografías a corta distancia.

El 18 de marzo de 1965, el cosmonauta soviético Leonov realizó el primer paseo espacial, aunque sujeto con un cable a la nave.

En diciembre de 1965, dos naves estadounidenses, las *Gemini 6* y *7* se acoplaron por primera vez en el espacio, comprobando la posibilidad de este tipo de maniobras.

El 3 de febrero de 1966, la sonda soviética *Luna 9* se posó suavemente sobre la superficie lunar y comenzó a transmitir fotos. El mes de junio de ese mismo año, también se posó sobre la Luna la sonda estadounidense *Surveyor 1*.

LA LLEGADA A LA LUNA

Toda la experiencia acumulada a lo largo de algo más de dos décadas sirvió para alcanzar uno de los sueños míticos de la humanidad: llegar a la Luna. Los primeros satélites artificiales, desde el *Sputnik I*, sirvieron para ir abriendo el camino. Proporcionaron datos esenciales sobre el espacio y el modo de sobrevivir en él. Los vuelos tripulados pusieron en práctica las teorías de los científicos y una vez comprobado todo, sólo quedaba dar el gran salto, llevar a un ser humano a nuestro satélite.

LUNA A LA VISTA

Después de que las primeras naves no tripuladas se posaran sobre la superficie lunar y enviaran datos sobre su composición y orografía, el siguiente paso era acercarse los propios astronautas.

El 25 de diciembre de 1968, los astronautas Borman, Lovell y Anders llegaron a las proximidades de la Luna con su nave, el *Apolo 8*, y se colocaron en órbita a su alrededor, recorriéndola varias veces. Pudieron realizar observaciones directas de la superficie y tomar nuevas fotografías para que los científicos buscaran el lugar apropiado para un alunizaje.

En marzo de 1969, el *Apolo 9* realizó pruebas de acoplamiento entre un vehículo lunar y la nave. El vehículo quedó en órbita estacionaria alrededor de la Tierra después del vuelo.

En mayo de 1969, el *Apolo 10* recogió el módulo lunar y viajó hasta la Luna. Allí se desacoplaron la nave y el módulo y los astronautas descendieron hasta 14 km de altura sobre el suelo lunar, pero sin llegar a alunizar, y volvieron más tarde a la nave. Así se comprobó el funcionamiento de todos los equipos.

El paso siguiente fue el definitivo.

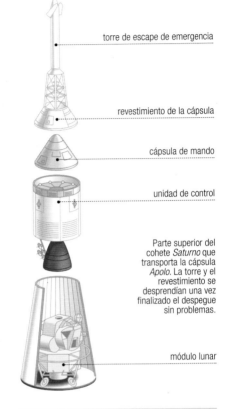

torre de escape de emergencia

revestimiento de la cápsula

cápsula de mando

unidad de control

Parte superior del cohete *Saturno* que transporta la cápsula *Apolo*. La torre y el revestimiento se desprendían una vez finalizado el despegue sin problemas.

módulo lunar

LAS MANIOBRAS DEL *APOLO 11*

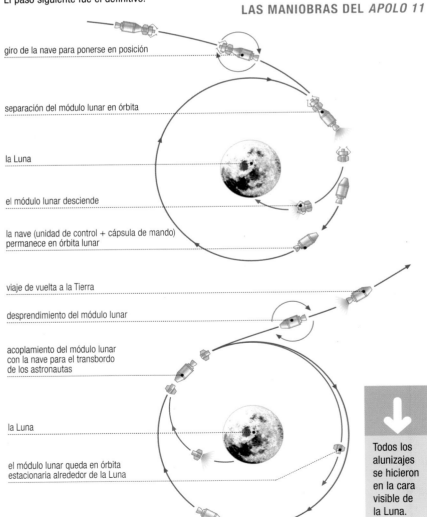

giro de la nave para ponerse en posición

separación del módulo lunar en órbita

la Luna

el módulo lunar desciende

la nave (unidad de control + cápsula de mando) permanece en órbita lunar

viaje de vuelta a la Tierra

desprendimiento del módulo lunar

acoplamiento del módulo lunar con la nave para el transbordo de los astronautas

la Luna

el módulo lunar queda en órbita estacionaria alrededor de la Luna

Todos los alunizajes se hicieron en la cara visible de la Luna.

EL VIAJE DEFINITIVO

El 16 de julio de 1969, el *Apolo 11* despegó de Cabo Kennedy rumbo a la Luna. Tres días después se colocó en órbita alrededor de nuestro planeta. En la cápsula *Columbia* se quedó el astronauta Michael Collins controlando el proceso.

El día 20, Neil Armstrong y Edwin Aldrin descendieron hacia la superficie del satélite a bordo del módulo lunar Eagle, posándose con suavidad.

En las primeras horas del 21 de julio, Armstrong abrió la escotilla, descendió por la escalera y puso el pie sobre la superficie de la Luna, siguiéndole poco después Aldrin.

Dieron varios paseos por los alrededores, recogieron muestras del suelo lunar e instalaron varios instrumentos que habían traído de la Tierra. Acabada su misión montaron de nuevo en el módulo lunar *Eagle*, despegaron, se acoplaron otra vez a la cápsula *Columbia* y regresaron sin problemas a la Tierra.

UN PASEO HISTÓRICO

Cuando Neil Armstrong descendió por la escalerilla del módulo lunar y pisó el suelo, las cámaras de televisión del módulo captaron ese momento y lo transmitieron a la Tierra, donde cientos de millones de espectadores pudieron seguirlo en directo. Los astronautas se desplazaban y podían saltar sin esfuerzo gracias a la menor fuerza de gravedad.

Por televisión, Neil Armstrong pronunció unas célebres palabras: «Éste es un pequeño paso para un hombre, pero un gran paso para la humanidad».

SEIS VECES EN LA LUNA

Después del primer alunizaje, hubo seis nuevas expediciones tripuladas (del *Apolo 12* al *Apolo 17*).

Muchos temían que la superficie de la Luna fuera de polvo y que cualquier nave que se posara se hundiera de inmediato. La experiencia demostró que no era así.

VEHÍCULO LUNAR

En los últimos recorridos lunares, los astronautas utilizaron un vehículo para desplazarse varios kilómetros desde el módulo lunar.

Entre 1970 y 1971, los soviéticos enviaron robots a la Luna en las naves *Lunik*, los cuales recogieron muestras y dejaron instrumentos científicos.

LA EXPLORACIÓN DEL ESPACIO

El programa de la conquista de la Luna fue en la década de 1960 uno de los más importantes llevados a cabo por la NASA en los Estados Unidos y por los científicos soviéticos. Sin embargo, paralelamente se iniciaron otros de mayor envergadura y duración cuyos resultados eran a largo plazo: la exploración del espacio más allá de la Luna.

LA CONQUISTA DE LOS PLANETAS

Entre los años 1962 y 1973 ambas potencias espaciales lanzaron numerosos satélites con destino a los principales planetas de nuestro sistema solar, que obtuvieron fotografías más cercanas y algunos datos sobre su superficie. En años posteriores se consiguió finalmente cartografiarlos y posarse sobre alguno de ellos.

 Los primeros satélites de los años 1957-1959 descubrieron que la Tierra estaba rodeada de dos cinturones de campos magnéticos, que se llamaron cinturones de Van Allen.

¿VIDA EN MARTE?

La nave rusa *Venera 7* logró en 1970 posarse sobre la superficie de Venus, repitiéndolo en años posteriores otras naves de esa serie. El *Viking 1* y el *Viking 2* estadounidenses llegaron a Marte en el año 1976 y realizaron experimentos en busca de restos de vida, que no encontraron.

En 1997, el *Mars Pathfinder* colocó un vehículo sobre la superficie de Marte.

 En 1977, se lanzaron los *Voyager 1* y *2*. En 1979 llegaron a poca distancia de Júpiter, en 1980 y 1981 de Saturno, en 1986 de Urano y en 1989 de Neptuno.

SONDEAR VENUS

En 1978, el *Pioneer Venus 2* lanzó varias sondas en paracaídas sobre la superficie de Venus.

La sonda *Voyager* acercándose a Júpiter.

LA COLABORACIÓN INTERNACIONAL

La carrera espacial fue un costosísimo proyecto y los problemas monetarios internacionales hicieron que tanto rusos como estadounidenses tuvieran que suspender varios de sus programas. Eso abrió las puertas a la colaboración con otros países, entre los que destacan los europeos agrupados en la ESA (Agencia Europea del Espacio). Desde finales de la década de 1970, varias sondas y satélites científicos conjuntos han logrado ampliar el conocimiento de nuestro sistema solar con resultados a veces espectaculares.

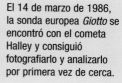

La primera estación espacial estadounidense, el *Skylab*, se puso en órbita en 1973 y permitió la estancia durante varios meses de equipos de astronautas.

El 24 de diciembre de 1979 se lanzó con éxito el primer cohete europeo de la serie *Ariane*.

EL VIAJE DE ULYSSES

La sonda europea *Ulysses* consiguió a mediados de 1994 observar el polo sur del Sol.

El 14 de marzo de 1986, la sonda europea *Giotto* se encontró con el cometa Halley y consiguió fotografiarlo y analizarlo por primera vez de cerca.

El telescopio espacial europeo-estadounidense *Hubble*, lanzado en 1990, consiguió en 1995 excelentes fotografías de nuevas galaxias y en 1996 demostró la existencia de planetas en otras estrellas.

El 28 de noviembre de 1983, el transbordador norteamericano *Columbia* puso en órbita el laboratorio espacial europeo *Spacelab*.

LOS LABORATORIOS Y LAS ESTACIONES ESPACIALES

El espacio exterior ofrece muchas ventajas para las observaciones astronómicas al estar desprovisto de la capa de atmósfera que cubre la Tierra. Por ese motivo se han construido varios laboratorios en órbita estacionaria alrededor de nuestro planeta. Los más pequeños son dirigidos desde la base, pero los más complejos se han integrado en estaciones espaciales, es decir, laboratorios permanentes y ocupados por astronautas que realizan allí sus trabajos por espacio de varios meses.

Las lanzaderas espaciales, como el *Discovery*, realizan viajes regulares entre estas estaciones y la Tierra, transportando materiales y astronautas. El objetivo es construir una gran estación donde los astronautas puedan desarrollar su labor en condiciones favorables y que sirva de etapa intermedia para expediciones más lejanas.

La ISS, el primer paso para la colonización del espacio.

UNA ESTACIÓN ESPACIAL INTERNACIONAL

En 1998 comenzaron los trabajos de construcción de la ISS (Estación Espacial Internacional) donde cooperan estadounidenses, rusos y europeos. A comienzos de 2001 quedaron ya habitables una parte de los módulos de la estación espacial ISS.

La *Salyut* fue la primera estación espacial rusa, puesta en órbita poco después de la estadounidense. La estación espacial rusa *Mir* comenzó a trabajar en los años 1980 para sustituir a la *Salyut*, y permaneció en servicio prácticamente hasta 2000.

El 29 de junio de 1995 la lanzadera espacial *Atlantis* (estadounidense) y la estación *Mir* (rusa) consiguieron acoplarse con éxito a 400 kilómetros de altura y 28.000 km/h de velocidad, tras lo cual los astronautas pasaron de una nave a otra.

EL FUTURO DE LA ASTRONÁUTICA

Desde el lanzamiento del primer satélite artificial, una simple esfera de metal que emitía un pitido, hasta la llegada del hombre a la Luna transcurrieron apenas doce años y desde esa fecha hasta la actualidad el espacio se ha llenado de satélites, naves y estaciones espaciales. Los proyectos van hacia la colonización de la Luna y el establecimiento de bases en planetas cercanos como Marte.

LOS PROYECTOS EN MARCHA

La principal característica de la aeronáutica en las dos últimas décadas ha sido la cooperación internacional, que tras la desaparición de la Unión Soviética se ha intensificado. Los Estados Unidos (NASA), Rusia, Europa (ESA) y Japón (NASDA) trabajan conjuntamente en proyectos que requieren unas grandes inversiones económicas y una cuidadosa investigación científica y técnica de cientos de equipos dispersos por el mundo.

La misión *Cluster II* de la NASA y la ESA se inició entre julio y agosto de 2000. Se trata de cuatro satélites que viajan en formación para medir los campos magnéticos y las tempestades solares.

A finales de 2001, con el *Mars Surveyor*, se realizó un mapa geológico de la superficie de Marte y, en el 2003, varias sondas llegan de nuevo al planeta rojo para recoger más muestras de suelo y continuar los estudios para la instalación de una posible base.

La sonda *Viking* explorando los asteroides, mientras un vehículo estudia la superficie y composición de uno de ellos.

TAN LEJOS, TAN CERCA...

Mientras el Satélite Astronómico Integral de la ESA, lanzado a finales de 2001, registra las emisiones de rayos cósmicos para averiguar el origen del universo, una buena parte de los numerosos satélites lanzados en el curso del 2001 tiene como misión estudiar la propia Tierra (capa de ozono, previsiones meteorológicas, estudio de los glaciares, medida de la vegetación, cambio climático, etc.).

TURISTA ESPACIAL

En abril de 2001, el multimillonario estadounidense Dennis Tito se convirtió en el primer turista espacial.

IDA Y VUELTA

Está previsto que una sonda espacial, lanzada en 2002, se pose sobre el asteroide *Nereus*, recoja muestras del suelo y regrese a la Tierra en 2008.

Los nuevos instrumentos de exploración y de estudio disponibles en la actualidad auguran, para la presente década, el desvelamiento de muchos misterios del universo.

En 2004 está previsto estudiar los anillos de Saturno y enviar a su satélite *Titán* una sonda, que se posaría en la superficie.

La superficie de Marte contiene muchos óxidos metálicos, que le confieren el color rojo, y que son una posible fuente para obtener oxígeno.

LA BASE LUNAR

El deseo de colonizar otros astros se iniciará probablemente en nuestro satélite la Luna. La exploración de su superficie realizada por los astronautas y los numerosos análisis y estudios llevados a cabo desde entonces por robots, satélites estacionarios y los instrumentos colocados en su superficie, permitirán hacer realidad el proyecto. El segundo astro colonizado será, probablemente, Marte, que ofrece unas condiciones similares para la construcción de bases.

En 1999 se descubrieron restos de hielo sobre la superficie lunar, por lo que podría tener depósitos de agua congelada.

Las estaciones espaciales alrededor de la Tierra serán la primera etapa de los viajes interplanetarios, que probablemente utilizarán la Luna como base de lanzamientos, recreada en el dibujo.

LOS ASTRONAUTAS

La exploración espacial es un proyecto altamente tecnificado, donde los robots y ordenadores son un elemento esencial para su éxito. Sin embargo, en muchas de las actividades es necesaria la presencia humana. Los astronautas son los encargados de realizar esa labor y para ello necesitan recibir un entrenamiento muy especial.

LA VESTIMENTA ESPACIAL

En el curso de los años los trajes espaciales han evolucionado mucho. Se han fabricado tejidos especiales y se han mejorado los cascos para permitir mantener un ambiente adecuado para la actividad de la persona que lo lleva a cabo. Estos trajes son los destinados a realizar labores en el espacio por fuera de la nave o para desplazarse por la superficie de los astros. Los primeros astronautas estaban fijos a la nave mediante un cable. Hoy disponen de equipos de control autónomos que les permiten desplazarse libremente a su alrededor, aunque por motivos de seguridad se continúe utilizando el cable.

Es necesario mantener una presión de unos 1.013 hPa en el interior de la nave y también en el traje espacial.

EL CASCO ESPACIAL

El casco espacial lleva un visor que protege al astronauta no sólo contra la intensa luz visible emitida por el Sol sino también contra las peligrosas radiaciones cósmicas.

EL TRAJE ESPACIAL DE LOS ASTRONAUTAS

antena de comunicaciones

casco

visor

caja central demandos y controles

conector de oxígeno

guante a prueba del exterio

traje refrigerado, presionizado y protector contra micrometeoritos

zuecos lunares

sistema portátil de supervivencia

sistema purificador de oxígeno

toma de oxígen del sistema de supervivencia

colector de orina

Los equipos de comunicación son esenciales para el astronauta que se encuentra fuera de la nave.

Los equipos de suministro de oxígeno de los trajes autónomos permiten una autonomía de varias horas.

El traje espacial lleva un fino tejido protector que es flexible, pesa poco y es muy resistente contra el impacto de los pequeños trozos de roca que puedan estar flotando en el espacio.

Introducción

El espacio

El sistema solar

El Sol

Mercurio

Venus

La Tierra

Marte

Asteroides

Júpiter

Saturno

Urano

Neptuno y Plutón

La exploración del universo

Astronáutica

Índice alfabético

LA VIDA EN UNA NAVE ESPACIAL

Los primeros viajes espaciales duraron pocas horas, pero a medida que se prolongó su duración fue necesario dotarles de equipos más complejos que garantizaran la estancia de los astronautas en condiciones aceptables. En las primeras estaciones espaciales, como la *Mir* rusa, los astronautas disponían de poco espacio para moverse libremente y debían realizar todas sus actividades en un compartimento general. Sin embargo, las nuevas estaciones espaciales como la Estación Espacial Internacional (ISS) actualmente en construcción, son instalaciones complejas comparables a las que existen en la Tierra en lugares de condiciones extremas, como la Antártida. La ISS consta de varios módulos donde los astronautas trabajan, duermen y pueden disponer de espacio suficiente para pasar los períodos de descanso.

Durante una misión espacial, cada astronauta se ocupa de varios trabajos concretos. La mayor dificultad que tienen, al parecer, es convivir durante varios días en un recinto tan pequeño.

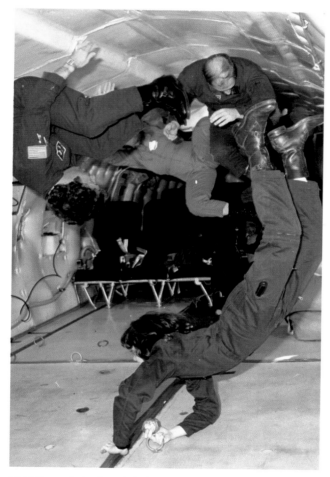

Interior de una sala de entrenamiento de astronautas, aquí familiarizándose con la ausencia de gravedad.

UN DURO ENTRENAMIENTO

Para poder salir al espacio es necesario estar en muy buenas condiciones físicas, pues el cuerpo es sometido a grandes esfuerzos en la fase de lanzamiento. Además, para estancias prolongadas la falta de gravedad terrestre provoca cambios fisiológicos importantes que deben compensarse con un buen entrenamiento. Por ese motivo, los primeros astronautas fueron pilotos de prueba, acostumbrados a sufrir grandes aceleraciones.

Sin embargo, desde la década de 1990, va en aumento el número de científicos que participan en las misiones espaciales. Aunque deben estar en perfecto estado de salud, las nuevas tecnologías facilitan la adaptación al espacio.

Los futuros viajeros a la Luna y Marte como turistas deberán estar sanos, pero las nuevas naves permitirán compensar gran parte de los actuales inconvenientes, creando, entre otras cosas, una gravedad artificial.

DEBILIDAD MUSCULAR

Los astronautas que permanecen varios meses en el espacio sufren un debilitamiento muscular por la falta de gravedad, y al regresar a la Tierra deben ser transportados en camilla hasta que recuperan el tono muscular.

Durante el lanzamiento de una nave, el cuerpo humano llega a pesar diez veces más de lo normal.

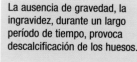

La ausencia de gravedad, la ingravidez, durante un largo período de tiempo, provoca descalcificación de los huesos.

ÍNDICE ALFABÉTICO DE MATERIAS

Introducción

El espacio

El sistema solar

El Sol

Mercurio

Venus

La Tierra

Marte

Asteroides

Júpiter

Saturno

Urano

Neptuno y Plutón

La exploración del universo

Astronáutica

Índice alfabético de materias